职业院校
服务老年教育策略研究

◎主　编　李志辉　胡　彦

◎副主编　陈明建　魏　彦

◎参　编　沈雪梅　江媛媛　李鸿基

重庆大学出版社

图书在版编目(CIP)数据

职业院校服务老年教育策略研究 / 李志辉，胡彦主编. -- 重庆 : 重庆大学出版社，2023.9
（老年教育项目丛书）
ISBN 978-7-5689-4070-2

Ⅰ. ①职… Ⅱ. ①李… ②胡… Ⅲ. ①高等职业教育—关系—老年教育—研究 Ⅳ. ①G777

中国国家版本馆 CIP 数据核字(2023)第 129751 号

职业院校服务老年教育策略研究

ZHIYE YUANXIAO FUWU LAONIAN JIAOYU CELÜE YANJIU

主 编 李志辉 胡 彦

策划编辑：王晓蓉

责任编辑：文 鹏 版式设计：王晓蓉

责任校对：刘志刚 责任印制：赵 晟

*

重庆大学出版社出版发行

出版人：陈晓阳

社址：重庆市沙坪坝区大学城西路 21 号

邮编：401331

电话：(023) 88617190 88617185(中小学)

传真：(023) 88617186 88617166

网址：http://www.cqup.com.cn

邮箱：fxk@cqup.com.cn（营销中心）

全国新华书店经销

重庆愚人科技有限公司印刷

*

开本：787mm×1092mm 1/16 印张：11 字数：191 千

2023 年 9 月第 1 版 2023 年 9 月第 1 次印刷

ISBN 978-7-5689-4070-2 定价：40.00 元

编委会

◀ BIAN WEI HUI ▶

主　编　李志辉　胡　彦

副主编　陈明建　魏　彦

参　编　沈雪梅　江媛媛　李鸿基

PREFACE 前言

随着我国老龄人口高潮的到来，我国逐渐成为全球唯一具有“超大规模、超快速度、超高水平、超级稳定”（“四超”）老龄化特点的国家。人口老龄化是人类文明进步的体现，也是今后较长一段时期我国的基本国情。基于我国人口现状和未来变化趋势，党的二十大报告明确提出“实施积极应对人口老龄化国家战略”，积极应对人口老龄化上升为国家战略。

老年教育一直是国家推进积极应对人口老龄化国家战略和为广大老年人谋福祉的重要举措。随着我国正步入中度老龄化社会并快速向高度老龄化社会转变，老年教育资源短缺现象越来越明显。同时，由于区域和城乡差异，各地老年教育资源需求的多样化、个性化特征也非常明显。

我国职业院校具备推进老年教育的师资优势、专业优势、规模优势、政策优势、地域优势，是发展老年教育的重要载体和新生力量；职业院校服务老年教育能丰富职业院校办学内涵，促进社会稳定和谐，助力老年教育城乡统筹发展。为此，我们申报重庆市教育科学规划2021年度重点课题“重庆市老年教育城乡统筹发展策略研究”（课题批准号：2021-00-98）。按照课题研究方案，课题组将“职业院校服务老年教育策略研究”作为课题研究内容之一。课题组在分析我国老年教育发展概述和重庆市老年教育发展概况的基础上，探讨了职业院校服务老年教育的价值意蕴，总结分析了重庆市职业院校服务老年教育的实践活动，提出了深化重庆市职业院校服务老年教育的工作建议，力图从社会学视角探讨总结近5年来在重庆市教育委员会指导下，重庆市教育科学研究院统筹全市职业院校开展老年教育工作的思考和探索。

本书是重庆市教育科学“十四五规划”2021年度重点课题“职业院校服务老年教育策略研究”的阶段性研究成果。本书由李志辉（重庆市教育科学研究院研究员）和胡彦（重庆市教育科学研究院高级讲师）担任主编，魏彦（重庆工程职业技术学院教师）和陈明建（重庆市教育科学研究院高级教师）担任副主编。全书总体框架和统稿由李志辉完成。

本课题在研究过程中得到不少教育界同仁的帮助和支持，本书的出版得到重庆市教育科学研究院领导、同事，以及重庆大学出版社领导、编辑的大力支持，重庆市老年大学和相关职业院校提供了相应素材，在此谨表示衷心的感谢。我们期待，在重庆市教育委员会的领导和全市职业教育战线同仁的共同努力下，继续深化职业教育教学改革，丰富职业教育办学内涵，为推进重庆市老年教育统筹发展和职业教育高质量发展作出新的贡献。

本书编写组

2023年2月

CONTENTS 目录

第一章

中国老年教育发展概述

DI YI ZHANG

ZHONGGUO LAONIAN JIAOYU FAZHAN GAISHU

第一节　我国老年教育发展基本历程

一、老年教育的萌芽阶段(1949—20 世纪 70 年代末)

中华人民共和国成立之初,全国 5.4 亿人口中有 4 亿多都是文盲,文盲率高达 80%,农村的文盲率甚至在 95%以上。文化水平过低成为新中国前进道路上的"拦路虎"。1950 年 9 月,教育部和中华全国总工会在北京联合召开了第一次全国工农教育会议,会议提出了"推行识字教育,逐步减少文盲"的口号。随后掀起了全国性的扫盲运动。到 1964 年,全国有 1 亿多人摘除了"文盲"的帽子,这里面包括不少老年人。这时期的扫盲教育蕴含着老年教育的内容。但在 20 世纪 80 年代以前,我国老年教育还没有形成一种独立的教育形态,老年人受教育的权利只是间接地出现在宪法等法律中。如《中华人民共和国宪法(1978 年)》第五十一条规定的"公民有受教育的权利",其中就蕴意着老年人的受教育权利是法定权利。

二、老年教育的初步发展阶段(20 世纪 80 年代初—20 世纪末)

改革开放后,国际老年教育的理念开始源源不断地传入我国。1982 年,中共中央发布《关于建立老干部退休制度的决定》,标志着我国废除了干部终身制,实施国家工作人员退休制度。为丰富大批老干部的退休生活,部分省市开始成立老干部活动中心,开展以健身、书法、国画为主要内容的老年活动。1983 年,我国第一所老年大学——山东省红十字老年大学(山东老年大学前身)成立。它是由山东省委组织部和山东省红十字会共同创办的,开创了中国现代老年教育的先河,标志着我国老年教育事业的兴起。1983 年,经国务院批准,成立中国老龄问题全国委员会,组织协调相关老龄工作。老年教育工作与相关政策法规制定被逐步纳入党和政府的议事日程中。1984 年,成立中国老年教育协会。1985 年,在北京召开全国老年大学经验交流会,对老年大学给予了充分的肯定,各地政府加强了对老年大学的建设。1985 年底,全国老年大学已发展到61所。1988年，中国老年大学协会成立，全国县级以上政府纷纷开办老年大学。1989年，联合国教科文组织与国家教委、中国老年大学协会在武汉联合举办了“老年教育国际研讨会”。这次会议通过的《武汉宣言》指出，老年人是知识、技能、经验和智慧的宝库，各国政府组织和非政府组织充分认识这一点并做出承诺，社区生活将因老年人的参与而丰富起来，社会的发展、文化和普及识字都将因此而受益。“老年教育国际研讨会”和《武汉宣言》推动了我国老年教育广泛深入的发展，各地老年教育组织纷纷举办有关老年教育的展览、观摩、评比、经验交流等活动。截至1990年，全国老年学校已达2 300多所，初步形成全国老年教育网络。

1994年，国家计委、民政部、劳动部等十个部委联合制定了《中国老龄工作七年发展纲要(1994—2000年)》。这是中国老年教育发展进程中第一个提出老年教育发展目标的重要指导性文件，明确了“实现老有所学，保障老年人受教育的权利，不断提高老年人的素质”的指导思想，并提出了“要因地制宜，多渠道、多层次、多形式地开展颐养康乐和进取有为相结合的老年教育”的发展目标，老年教育政策开始走向规范化、专业化，这对推动老年教育的快速发展起到了重要作用。1995年颁布实施的《中华人民共和国教育法》规定在全国“建立和完善终身教育体系”；1996年颁布的《老年人权益保障法》规定“老年人有继续接受教育的权利”“国家发展老年教育，鼓励社会办好各类老年学校”；《中华人民共和国老年人权益保障法》的出台，标志着老年教育走上法制规范化的道路，为老年教育走向社会基层提供了法律依据，我国老年教育工作明显进入快车道。1996年，全国老年大学、老年学校已增加至8 300余所，在校学员70万人。1999年，全国老龄工作委员会成立。之后，全国老年学校如雨后春笋，不仅在数量上迅速增加，而且使老年教育的内容从养生领域向参与社会领域不断扩展，我国老年教育已形成政府投资、企业投资、社会团体组织投资、个人投资等多渠道多层次的办学格局，初步形成了老年教育体系。

三、老年教育的逐步完善阶段(21世纪初期)

2001年12月11日，中国正式加入世界贸易组织。之后，中国老年教育与世界老年教育的联系进一步加强。2002年4月8日至12日，西班牙首都马德里召开联合国第二届世界老龄化大会，全球159个国家和地区的代表团及联合国有关机构参加了此次大会，联合国秘书长安南出席开幕式并致辞。中国政府派出了以国务委员司马义·艾买提为团长的代表团参加会议。这次会议是继1982年联合国第一届世界老龄大会后,20年来全球又一次就有关老龄问题召开的世界性会议。在会议上,各国代表阐述了各自国家在应对人口老龄化挑战时的立场。司马义·艾买提在大会上发言,介绍了中国政府为解决人口老龄化问题所采取的政策和措施。会议经过4天的探讨和协商,一致通过了《2002·国际老龄行动计划》《政治宣言》《老龄问题马德里国际行动计划》等重要文件,作为今后指导各国应对老龄化挑战的纲领性文件;大会提出了积极老龄化的新理念,指出要促使所有人在老龄化过程中能够充分发挥自己体力、社会、精神等方面的潜能,保证所有人在老龄化过程中能够按照自己的权利、需求、爱好、能力参与社会活动,并得到充分的保护、照料和保障;会议针对社会上存在老年人被边缘化、产生孤独感和代际隔阂等问题,强调"老年人必须成为发展进程的充分参与者,而且还应该公平享有发展进程的种种好处,包括获取知识、教育和培训机会的权利";针对老年人在信息社会中生存必须以获取大量信息为条件而提出"应该采取措施,使老年人能够接触、参与和适应技术变革。技术和组织变化可能会使雇员的技能过时,使过去积累起来的工作经验大大贬值。必须更重视老年人在工作场所获得知识、教育和培训的机会";强调帮助老年人利用互联网信息进行学习,使他们融入现代信息网络社会。本次大会特别强调,第二届世界老龄大会关注的焦点应该转向广大的发展中国家,并要求发达国家和发展中国家之间进行更多的交流与合作,共同应对全球人口老龄的挑战。联合国第二届世界老龄化大会通过的纲领性文件和积极老龄化新理念,对我国老年教育产生了重要影响。

按照联合国制定的老龄社会标准,当一个国家或地区60岁以上老年人口占人口总数的10%,或65岁以上老年人口占人口总数的7%,即意味着这个国家或地区处于老龄化社会。我国于1999年开始迈入老龄社会"门槛"。21世纪以来,随着学习型社会建设的发展和国际老年教育先进理念的传入,我国老年教育被赋予了新的时代特点。结合新时期老年教育的发展特点,我国各级政府和组织在老年教育实践中,不断总结经验,加强老龄工作和老年教育工作。1999年10月,经中共中央、国务院批准,由中央22个部委组成的高层议事协调机构——全国老龄工作委员会在北京成立。2000年,中共中央和国务院下发了《关于进一步加强老龄工作的决定》。2000年8月,国务院在北京召开了"第一次全国老龄工作会议"。2001年8月,国务院印发《中国老龄事业发展"十五"计划纲要(2001—2005年)》,老龄工作正式纳入国民经济和社会发展计划。2001 年 10 月,“全国社区老年福利服务星光计划”开始实施,民政部在全国城乡社区新建和改建老年服务设施,为老年人提供文化娱乐、图书阅览、体育健身、医疗康复和老年课堂等基本服务。2002 年,党的十六大以“人的全面发展”理念为依托,规定了“构建终身教育体系”和“形成全民学习、终身学习的学习型社会”的教育新方向。老年教育成为终身教育、终身学习和学习型社会建设的重要组成部分。老年教育开始在终身教育、学习型社会理念的倡导下走向社会,为大多数老年生命添彩。老年教育不再仅仅是退休老干部的专属福利,而是促进老龄化社会发展的重要力量。2006 年,《中国老龄事业发展“十一五”计划纲要(2006—2010 年)》提出:“大力发展老年教育,到 2010 年,老年大学和老年学校在现有基础上增加 1 万所……各级政府要继续加大对老年教育的投入,同时动员社会力量,因地制宜办好老年教育。积极发展老年远程教育,开办老年电视大学、老年网上学校,倡导社区办学等多种形式的老年教育。”该纲要还强调了农村老年教育问题,围绕使老年人脱贫致富,现代农业技能培训进入了老年教育的课程。同年,国务院发布的《中国老龄事业的发展》白皮书指出:“要努力实现‘县县有老年大学’的目标并逐步向社区、乡镇延伸……我国重视发展老年文化教育事业,丰富老年人的精神文化生活,不断满足老年人精神文化需求。”这是国家第一次发布关于老龄事业的白皮书,它将发展老年教育、满足老年人的精神文化需求列入了政府的议事日程,标志着我国老年教育进入了新的发展阶段。2007 年,《国家教育事业发展“十一五”规划纲要》强调“充分发挥各级各类学校在终身学习中的作用。改革成人教育办学模式,大力发展多样化的继续教育和社区教育。加大投入,健全工作机制,巩固和扩大扫盲教育的成果。整合各类教育资源,建设城乡社区学习中心。办好老年大学,扩大覆盖面。”国家第一次将老年教育列入国家教育整体规划,在我国教育发展史上开了先河,形成了党政主导、社会参与、全民关怀的老龄教育工作指导方针,充分体现了党和国家对发展老年教育事业的重视。各地在加强老年大学(学校)建设的同时,开始运用现代媒介的手段,开办面向老年人的网络学校,扩大了老年教育的覆盖面。如上海在 2000 年创办了上海空中老年大学与上海网上老年大学,现代传媒手段与信息网络技术被运用到老年教育中。2010 年,《国家中长期教育改革和发展规划纲要(2010—2020 年)》明确指出,国家要重视老年教育。这是我国老年教育第一次被写入国家教育改革和发展的规划纲要,从国家制度的层面为老年教育定性,是老年教育发展一个新的里程碑,具有根本性的重大意义。国家的重视和各级政府的支持，推进了老年教育的发展。据统计，到2007年底，我国老年大学和老年学校的数量已达到3万余所，学员达到300多万人，平均每100位老人中，有2位接受了不同方式的老年教育。

四、老年教育的渐成体系阶段（2012年至今）

2011年，我国开始进入快速老龄化阶段（图1-1、图1-2）。

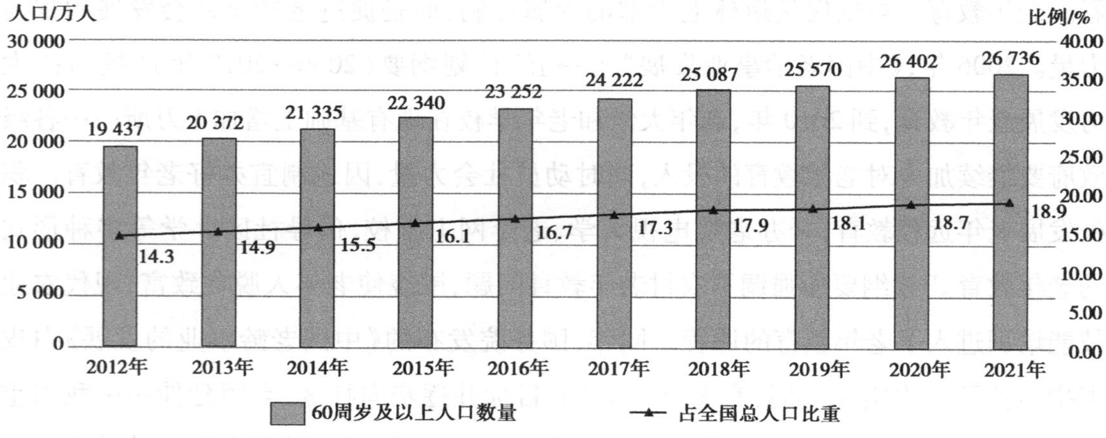

图1-1 2012—2021年全国60周岁及以上老年人口数量及占全国总人口比重

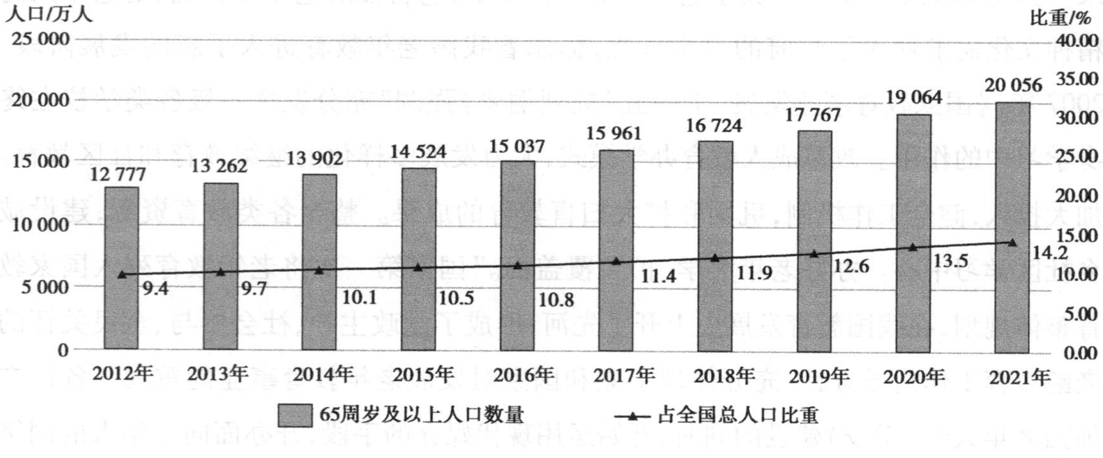

图1-2 2012—2021年全国65周岁及以上老年人口数量及占全国总人口比重

2021年5月发布的第七次全国人口普查公报显示，2020年全国人口中，60岁及以上人口为264 018 766人，占18.70%，其中65岁及以上人口为190 635 280人，占13.50%。与2010年第六次全国人口普查相比，60岁及以上人口的比重上升5.44个百分点，65岁及以上人口的比重上升4.63个百分点。国家卫生健康委发布的2021年度国家老龄事业发展公报显示，2021 年末，全国 60 周岁及以上老年人口为 26 736 万人，占总人口的 18.9%；全国 65 周岁及以上老年人口为 20 056 万人，占总人口的 14.2%。我国已经成为全球唯一具有“超大规模、超快速度、超高水平、超级稳定”（“四超”）老龄化特点的国家。

人口老龄化是社会发展的重要趋势，是人类文明进步的体现，也是今后较长一段时期我国的基本国情。基于我国人口现状和未来变化趋势，积极应对人口老龄化上升为国家战略。中央政治局于 2016 年 5 月就我国人口老龄化形势和对策专门举行集体学习，习近平总书记明确提出要积极看待老龄社会，“老龄社会”首次出现在党和国家领导人讲话中；2019 年 11 月，党中央、国务院印发《国家积极应对老龄化中长期规划》，这是到 21 世纪中叶积极应对人口老龄化的第一份战略性、综合性、指导性文件。2022 年 10 月，党的二十大报告明确要求“实施积极应对人口老龄化国家战略”。

我国人口快速老龄化和实施积极应对人口老龄化国家战略为新时代老年教育奠定了坚实的基础，国家经济社会快速发展和人均寿命提高为新时代老年教育创造了有利条件。有研究发现，人均 GDP 达到 10 000 美元是老年教育起步的标志性条件之一。改革开放四十多年以来，中国人民的生活水平发生了翻天覆地的改变，1978 年的人均 GDP 只有 384 美元，而 2018 年的人均 GDP 达到 9 630 美元。物质生活改善之后，人民群众对精神文化生活的需求也日益旺盛。中华人民共和国成立之前，中国人均预期寿命只有 35 岁，到了 1978 年是 68.2 岁。2015 年，中国居民人均预期寿命达到 76.34 岁，比 1960 年增长 32.99 岁。随着人均寿命的不断延长，退休后的时间跨度也越来越大，退休时间占据了整个人生历程的 25%以上。空闲时间的增多也助推了老年人对退休生活适应、健康娱乐、社会交往乃至自我实现等方面的学习需求高涨。

老年教育一直是国家推进积极老龄化和为广大老年人谋福祉的重要举措。2016 年 3 月，《中华人民共和国国民经济和社会发展第十三个五年规划纲要》首次在“五年规划”中明确要求“发展老年教育”。2016 年 10 月，国务院办公厅首次印发《老年教育发展规划（2016—2020 年）》，老年教育进一步深入了党和国家的决策视野。《老年教育发展规划（2016—2020 年）》强调，要建立健全党委领导、政府统筹，教育、组织、民政、文化、老龄部门密切配合，其他相关部门共同参与的老年教育管理体制，提出了发展老年教育的五项主要任务：一是扩大老年教育资源供给。优先发展城乡社区老年教育，促进各级各类学校开展老年教育，推动老年大学面向社会办学。二是拓展老年教育发展路径。丰富老年教育内容和形式，探索养教结合新模式，积极开发老年人力资源。三是加强老年教育支持服务。运用信息技术服务老年教育，整合文化体育科技资源服务老年教育。四是创新老年教育发展机制。鼓励社会力量参与老年教育，促进老年教育与相关产业联动。五是促进老年教育可持续发展。该规划提出，将组织实施社会主义核心价值观培育、老年教育机构基础能力提升、学习资源建设整合、远程老年教育、老有所为行动等重点推进计划。该规划指出，要坚持“保障权益、机会均等，政府主导、市场调节，优化布局、面向基层，开放便利、灵活多样，因地制宜、特色发展”的原则，到2020年，基本形成覆盖广泛、灵活多样、特色鲜明、规范有序的老年教育新格局；老年教育法规制度逐步健全，职责明确、主体多样、平等参与、管办分离的管理体制和运行机制得到完善；老年教育基础能力有较大幅度提升，教育内容不断丰富，形式更加多样；各类老年教育机构服务能力进一步提升，全社会关注支持老年教育、参与举办老年教育的积极性显著提高；以各种形式经常性参与教育活动的老年人占老年人口总数的比例在20%以上。

2017年，“办好老年教育”首次出现在国务院政府工作报告中。2018年，十三届全国人大常委会第七次会议通过了《老年人权益保障法》（修正版），增加了“把老年教育纳入终身教育体系”，以及各级人民政府应对老年教育加强领导、统一规划、加大投入的要求。2019年2月，中共中央、国务院印发的《中国教育现代化2035》，明确了教育现代化的十大战略任务，其中“构建服务全民的终身学习体系”位列其一，把“加快发展城乡社区老年教育”提升到了战略高度。2020年，教育部印发的《国家开放大学综合改革方案》指出：不断满足社会需求，大力开展非学历教育，加大短期灵活教育，加强与社区教育、老年教育的对接、融合，拓展社区教育、扩大社会培训、办好老年教育，使社区教育成为国民学习新渠道、社会培训成为开放教育新品牌、老年教育成为教育领域新亮点。2021年，《教育部办公厅关于广泛开展老年人运用智能技术教育培训的通知》指出：充分发挥教育培训在帮助老年人运用智能技术中的作用，通过广泛开展惠及老年人的智能技术应用培训，促进老年人更新观念，提高老年人运用智能技术能力，助力解决老年人在出行、就医、消费等日常生活中遇到的实际困难，使老年人愿用、能用、乐用智能技术，为老年人跨越“数字鸿沟”提供教育支持服务，共享智慧社会带来的便利性、快捷性和智能性，不断增强老年人的获得感、幸福感和安全感。2021年，《中共中央　国务院关于加强新时代老龄工作的意见》指出“扩大老年教育资源供给。将老年教育纳入终身教育体系，教育部门牵头研究制定老年教育发展政策举措，采取促进有条件的学校开展老年教育、支持社会力量举办老年大学（学校）等办法，推动扩大老年教育资源供给。鼓励有条件的高校、职业院校开设老年教育相关专业和课程，加强学科专业建设与人才培养。编写老年教育相关教材。依托国家开放大学筹建国家老年大学，搭建全国老年教育资源共享和公共服务平台。创新机制，推动部门、行业企业、高校举办的老年大学面向社会开放办学。发挥社区党组织作用，引导老年人践行积极老龄观”。2022 年，《国务院关于印发“十四五”国家老龄事业发展和养老服务体系规划的通知》指出，加快发展城乡社区老年教育，支持各类有条件的学校举办老年大学（学校）、参与老年教育。鼓励养教结合创新实践，支持社区养老服务机构建设学习点。发挥社区教育办学网络的作用，办好家门口的老年教育。推动各地开放大学举办“老年开放大学”，鼓励老年教育机构开展在线老年教育。与此同时，全国各省（区、市）也越来越重视老年教育。截至 2020 年底，天津、安徽、福建、上海、重庆等 30 个省（区、市）出台了老年教育规划或政策性文件。

在各级党委政府重视、人口老龄化加剧以及老年人学习需求不断增加等因素的推动下，老年教育进入快速发展的轨道。截至 2019 年末，我国共有老年大学（学校）76 296 所，在校学员数共计 1 088.2 万人；远程教育学校 6 345 所，远程教育新点 36 445 个，远程教育注册学员共计 387.4 万人。建成 29 所省级老年开放大学，线下培训 350 万人次，线上培训 8 000 万人次。高校第三年龄大学联盟成员单位已有 221 所院校。在 216 个市（地），689 个县（市、区），4 856 个乡镇（街道），26 698 个村（社区）设立老年教育学习点。各省级老年教育或终身学习平台共注册学员共计 630 万人，访问量超过 8 000 万人次。基本建成“省（区、市）—县（市、区）—乡镇（街道）—村（居委会）”的老年教育四级办学网络，形成以老年大学（学校）教育为主体，社区老年教育、远程老年教育为补充的老年教育体系。

第二节　我国老年教育发展趋势

一、老年教育对象进一步普及

据测算,“十四五”时期,60 岁及以上老年人口总量将突破 3 亿人,占比将超过 20%,我国进入中度老龄化阶段。2035 年左右,60 岁及以上老年人口将突破 4 亿人,在总人口中的占比将超过 30%,我国进入重度老龄化阶段。这种高度老龄化的人口结构状态会延续到 21 世纪后半期。随着老年人群体数量的急剧增长,基于经济社会发展中老年人对教育需求的增长和终身教育理念,积极老龄化理念深入人心,老年教育从精英型走向普及型,从城市向广大农村延伸。就人群而言,20 世纪 80 年代初,老年教育的受益群体主要是离退休干部。随着老年教育知晓度和认同度的提升以及全民学习和终身学习的学习型社会的建设,老年教育对象由退休老干部这一单一主体向社会各类老年人扩展,由文化层次高的老年人群向各类文化层次的老年人群扩展,由低龄期老年人群向高龄期老年人群扩展,由经济条件较好的老年人群向各类经济水平的老年人群扩展。就区域而言,20 世纪 80 年代,东部沿海地区老年教育参与度较高。随着中西部地区经济社会的发展,中西部地区老年人参加老年教育的占比也在逐渐提高,中西部地区和东部地区间老年教育差距逐步缩小,逐步实现了在全国范围内全面开展老年教育。就地域而言,20 世纪 80 年代,城市老年教育水平明显较高。随着脱贫攻坚任务的完成、乡村振兴战略深入实施、乡村老年人数量增长和政府对乡村老年教育投入的增加,老年教育由城市向乡镇、农村扩展。

二、老年教育内容和方式进一步丰富

老年教育对提升老年人的综合素质、促进老龄社会的可持续发展起着至关重要的作用。老年教育内容也日益贴近老年人实际需要、贴近社会和时代发展需求,在加强衰老与健康、就业与退休调适、消费与理财、闲暇与社区生活、家政与家庭生活等与老年人的生活息息相关的课程资源供给的同时,针对当前社会处于转型发展时期,数量庞大、来源广泛的老年人群体受到性别、年龄、学历、收入水平、职业和区位等因素的制约和影响,他们的学习需求和方式在保持基本共性的基础上,在诸多领域表现出不同特点和个性差异,各地在继续丰富、挖掘老年人普遍喜爱的文史、艺术、语言类课程,提高老年人思想道德、科学文化、技能掌握等基本素质;在突出教学内容的基础性与综合性的基础上,进一步拓展老年教育的内容,不断提高医学保健、心理辅导、法律维权等相关课程教学内容的实用性,最大限度地发挥老年教育的心理调试、观念革新、人际和社会代际和谐、社会参与和适应、价值实现等特殊功能,关注老年群体精神需要的层次性和完善自身发展的递进性。在教学方式上,在传统集中授课的基础上,通过网络远程教学等方式,注重引导老年人发挥自身学习自主性和学习主动性,最大限度地发挥老年人的智慧与才能,达到自我实现的目的,终身学习特色日益凸显。

三、老年教育主体进一步多样化

20 世纪 80 年代初,老年教育的定位决定了各级老干部局和企事业单位是办学主体。随着老年人数量的日益增长以及老年教育的大众化和普及化,其文化教育需求的多层次特征日益明显。仅依靠政府已经不能满足老年人日益增长的个性化文化教育需求,办学主体趋向多样化,高等院校、广播电视大学(开放大学)、社区学院(校)、企业、社会团体和个人积极参与老年教育办学,形成政府主导、社会参与、主体多样的办学格局。政府充分发挥其在老年教育投入中的主导作用,将老年教育经费列入财政预算,建设老年教育基础设施;整合各类公共教育资源,增加老年教育的有效供给;通过购买服务方式,健全市场化运行机制,扶持社会力量兴办老年教育,满足老年人的基本文化需求。高校整合其科研、教学、培训、管理等方面的天然优势,满足高层次的老年教育需求,在规模和层次上迅速推动老年教育的发展。社区学院(校)有效整合社区教育资源、社会资源、人力资源、信息资源,以社区为依托,构建社区老年教育网络,开展立足基层、面向大众、依托高校、服务社会的社区化老年教育活动。广播电视大学(开放大学)挖掘其资源优势、师资优势和远程教育优势,推进老年远程教育。部门、行业企业、高校举办的老年大学面向社会开放办学,公益性博物馆、纪念馆、美术馆、展览馆、文化馆(站)、图书馆等公共场所也向老年人免费开放。相关社会组织和老年人学习团队积极发挥其补充作用。多样化的参与主体的互相配合和联动发展是老年教育办学主体发展的必然趋势。

四、老年教育手段进一步数字化

由于经济、家庭、交通和老年人自身体能、智能及人际交往频率不断下降等问题，许多老年人不方便去老年学校就读，这也成为制约老年教育普及的现实难题。与此同时，随着现代信息技术成为日常生活不可或缺的组成部分，老年人群体也毫不例外地进入信息化社会，不断发展的数字化学习的兴起和智慧养老发展理念的深入人心，老年教育的数字化、智能化发展趋势越来越明显，主要表现在：一是老年教学辅助设备的智能化，如通过电视、广播、网络等现代教学设备，运用互联网协议语音技术即时传送语音信息至电脑、手机等智能设备，最大限度地为老年人创造更有利的学习条件，方便老年人的自主学习。二是老年教学组织形式的网络化，如老年学员可以通过电视、互联网等接受远程网络教育。三是老年教学资源的数字化，老年人的学习资源并不局限于教科书，还包括数字视频、数字音频、多媒体软件、CD-ROM、网站、电子邮件、在线学习管理系统、计算机模拟、在线讨论、数据文件、数据库等数字化学习资源。四是老年人学习课堂的个性化，如利用 IPTV 宽带有线电视网的基础设施，通过互联网协议提供老年学习者自己感兴趣的、个性化的电视教学节目或数字资源，方便老年人自主学习 。五是老年教育管理的网络化。基于互联网的“老年教育管理服务”平台能实现招生、教学管理、教师和学员管理、评价管理、统计分析等综合功能，老年学员通过手机即可享受报名、缴费、考勤、线上学习、远程游学等服务，学校借助该平台还能实现大数据统计，能够为老年人的学习需求分析提供数据支持，从而有利于学校把握老年人的学习趋势和进行课程设置，为精准服务提供依据。老年教育与数字化、网络化、智能化的融合，打破了老年教育的时间、空间限制，最大限度地为老年人提供了更多的学习机会和更丰富的学习资源。线上线下混合的学习方式日益成为老年教育的主要模式，这也推进了我国老年教育的现代化进程。

五、老年教育管理机制进一步规范

长期以来，我国对老年教育的属性没有明晰的界定，对老年教育的定位也不清晰，老年教育机构在行政管理上存在比较严重的条块分割现象，组织、教育、民政、文化、老龄委等相关部门都参与老年教育的业务与行政管理，处于“多头主办、多部门主管”状态。但由于老年教育机构管理部门分散，它们的职责并没有被理顺，统筹协调力度弱，实际上处于无人统筹的混乱局面。2016 年，国务院办公厅印发的《老年教育发展规划（2016—2020 年）》从实质上明确了教育部门在老年教育发展中的职责，把老年教育纳入了终身教育体系，并赋予教育行政部门在老年教育发展中应有的责任，加强了教育行政部门的统筹职责。2021 年，《中共中央　国务院关于加强新时代老龄工作的意见》指出，“将老年教育纳入终身教育体系，教育部门牵头研究制定老年教育发展政策举措”，明确了教育部门“牵头研究制定老年教育发展政策举措”的职责，开始形成“教育部门牵头、相关部门协同”的管理机制，进一步规范了老年教育管理机制。

第三节　中国特色老年教育的时代意义

一、提高老年人的生活和生命质量

随着经济快速发展、物质财富增长和退休保障制度的完善，传统的物质养老已经开始转向精神养老。相对提供物质来说，满足老年人精神和文化生活的需求，实现老年人的自我完善和再社会化，是提高老年人生活质量的重点。老年教育不仅让老年人学习掌握新知识，接受新的思想观念，更重要的是能使老年人力所能及地参加一些社会活动，认识新朋友，继续保持与社会的联系，从而走出退休后的封闭内心世界，充实退休生活，摆脱退休后的失落、孤独、空虚感等不良情绪，让他们“老有所学、老有所乐”，实现老年人增长知识、丰富生活、陶冶情操、促进健康的目标，让老年人感受到退休生活的美好。

二、开发老年人的人力资源

近年来，老年人口规模快速扩张、劳动年龄人口规模与比例持续下降、少子化态势与正在发展中的社会经济共同构成了我国社会“未富先老”的局面。劳动年龄人口数量和比例的双双下降使得老年抚养比不断攀升，人口红利进入尾声。如何在高速老龄化和经济发展之间寻求平衡，实现“老有所养”和“老有所为”，是一个亟待突破的现实问题。在不可逆转的老龄化背景下，开发老年人力资源，让一部分老年人重新参与生产，有利于缓解劳动力短缺，促进社会经济发展，帮助老年人再社会化。

2020年第七次全国人口普查数据显示，60~69岁的低龄老年人口占我国60岁及以上人口的55.83%，约有1.9亿人，是我国老年人口的主力军。他们刚刚退出工作不久，身体健康，对工作较为熟悉，长期的工作经历使老年人累积了青年人无法比拟的经验优势，丰富的生活阅历赋予了他们做出更合理决策的认知基础；参与社会活动的意愿较中高龄老年人更加强烈，希望能尽自己的力量为社会建设发挥余热，是国家建设的宝贵人力资源。当前，我国老年人力资源开发主要集中于知识分子及企事业单位离退休人员的返聘，对其他中老年人再就业培训重视不够。因此，老年教育中的职业技能培训、沟通交流、科技、家政等职业技能类和社会参与类的老年教育课程，以及与社会需求紧密衔接的后职业教育，可以让他们学习新知识，掌握新技能，帮助有继续工作意愿的老年人提升职业技能，帮助从事志愿服务和家庭照顾的老年人拓展知识和提升能力，满足老年人再就业和其他社会参与需求，以进一步满足低龄老年人后职业发展的多样化需要。老年教育一方面满足了老年人的发展需求，充实了老年生活，使他们形成了积极的生活态度并提升了其幸福感；另一方面肯定了老年人的价值，进一步丰富了社会人力资源，降低了老龄化带来的劳动力资源压力。老年教育是有效开发老年人人力资源、助力老年人“老有所为”、促进老年人发展的重要途径。

三、促进家庭和谐与社会稳定

老年人退休后，家庭是其主要活动场所，能否与家庭成员和谐相处直接影响着家庭和睦。老年人通过参加老年教育活动，发展自己的爱好，开阔心胸，结识新朋友，丰富自己的生活，提高老年群体思想文化素质；同时，他们通过自己的言行和宽广的胸怀来教育和感化子孙，传承优良家风，形成和谐的代际关系。新时代老年人可以成为维系家庭和睦的有力支撑者和搭建社会与家庭文明和谐的桥梁和纽带，成为家庭团结和睦的稳定剂。

当前，我国正处于经济社会转型发展期，同时也是各种深层次矛盾交汇的时期，发展和稳定是我们面临的重大课题。老年人群体数量庞大且在不断增长，他们与社会、经济、文化等各个领域有着千丝万缕的联系；同时，他们为国家和社会发展作出了重要贡献，且普遍资历深、阅历广，老干部、老专家、老模范们的社会影响更大，是稳定社会和构建和谐社会的重要力量。老年人活到老，学到老，不断学习新知识，保持与社会联系，做到与时俱进，不仅推进建设学习型社会与终身教育体系并落实积极应对人口老龄化国家战略，而且将社会主义核心价值观融入老年人学习和活动之中，打造一批在培育和践行社会主义核心价值观方面具有示范作用的老年学校、老年学习团队，发挥老年教育“一人入学，带动一家，影响一片”的正能量的滚动效应，在政治引领、文化传递和创新、社会治理等领域的功能和作用越来越大，从而增强社会凝聚力及和谐度，奠定伟大历史使命的社会基础。可见，老年教育问题不仅关系老年人和家庭的幸福，而且也是实现国家长治久安、中华民族伟大复兴的稳定因素和希望所在。如果不重视和加强老年教育，就难以用科学的、先进的思想去占领老年人这一数量庞大群体的思想阵地，难以保持老年群体及其关联群体的和谐稳定，也就难以实现真正意义上的和谐社会。

四、助力乡村振兴

老年人是当前乡村人口的主体。可借助互联网技术和远程教育等现代教学手段，将生态农业、种养殖技术、乡村旅游、经营管理、技能培训、社区服务、社区治理、环境保护、文化传承、家庭关系、健康养生、金融理财、政策法规、休闲娱乐等诸多内容有机融入老年教育课程，帮助农村老人获得更多的生存和发展的资本，增进农村老年人的获得感和幸福感，提升农村老年人的福祉；因地制宜开展“好村民、好公婆、好媳妇”年度人物及好人系列道德典型宣传活动，充分挖掘散落于乡村各角落的最美人物、典故，引导农村老年人群以及广大农民群众讲道德、遵道德、守道德，养成孝老爱亲、互帮互助的好家风；充分发挥乡村老教师、老党员、老干部的作用，制订涵盖社会公共道德、村风民俗、精神文明建设、学习型家庭等内容的村规村训，使之成为农村社区居民自我管理、自我教育、自我约束的行为规范。农村老年教育作为面向广大农村老年人口的教育活动，在素质提升、技能训练、社会服务和文化传承方面与乡村振兴战略相契合，其政治、经济、文化、社会功能的发挥与推动乡村振兴相互动，让乡村振兴为农村老年教育发展添加助力。

第二章

重庆市老年教育发展概况

DI ER ZHANG

CHONGQING SHI LAONIAN JIAOYU FAZHAN GAIKUANG

第一节 重庆市老年教育发展基本历程

一、探索发展阶段(1984—1996年)

与国内其他省(自治区、直辖市)相比,重庆市老年教育起步相对较早。1984年,重庆市第一所老年大学——沙坪坝老干部大学成立。1986年,重庆市高等教育办公室以渝高教〔1986〕29号文件,正式批复市级机关老龄委员会报送的《关于创办重庆市老年大学的请示报告》,决定设立重庆市级老年大学,并据此成立重庆市级机关老年大学;同年,重庆市渝中区山城老年大学成立。1989年,北碚区金刚碑乡建立了重庆市第一所农村老年学校。1997年之前,重庆市按照"就地就近、分级分散、小型方便"的发展策略,推动老年教育朝着普惠化、大众化、多样化方向发展。20世纪90年代中期,重庆市各事业单位、区属街道和居委会等举办多种形式的文明市民学校、社区学校、老年学校等,老年教育文化活动日益频繁且逐步走向多样化、规范化和制度化。1997年初,重庆市已经创办各级各类老年大学(学校)249所,在校学员3万余人,占全市老年人口总数的1%,基本形成"从城市到农村,从机关到企业,多层次、多形式发展"格局,打破封闭办学,向社会开放办学格局转变。

本阶段,重庆市老年大学办学规模较小,学校硬件设施较为简陋,主要面向事业单位有学习需求的离退休人员,教师主要是由事业单位有一定特长的离退休人员担任,教学形式较为灵活,课程种类较少,更为注重满足老年学习者的精神需求,其休闲性、保健特色比较明显。老年教育对丰富老年人精神文化生活、提升老年人文化素质、提高老年人生活质量、促进社会精神文明建设等都起到了重要推动作用。

二、规范发展阶段(1997—2016年)

1998年3月2日,重庆市人民政府办公厅转发了《市老龄委等单位关于加快我市老年教育事业发展意见的通知》(渝办发〔1998〕36号),要求提高对发展老年教育事业必要性的认识,明确提出老年教育是“适应人口老龄化的一项战略对策”和“加强社会主义精神文明建设的需要”。2007 年,重庆市委、市政府办公厅转发了《市老年教育领导小组办公室关于进一步加强和改进重庆市老年教育工作的意见》(渝委办〔2007〕183 号)中,初步提出将“老年教育纳入终身教育体系”,这进一步丰富了老年教育功能内涵:老年教育功能不仅仅是一种精神娱乐,所要面对的群体远远不止“离、退休干部”这个小众群体,而是着眼于整个老龄人口;老年教育政策属性也不再是老龄工作举措,而是一项涉及社会政治经济的全局性治理之策。2001 年,重庆市出台了《重庆市老年人权益保障条例》,这是重庆市出台的第一个关于老年人的正式法规。《重庆市老年人权益保障条例》明确要求“各级人民政府应当将老年教育列入教育发展规划,鼓励社会兴办和办好各类老年学校”,重庆市老年教育正式有了法律上的“名份”。这期间,重庆市的老年教育以市级和区县级老年大学为主力军稳步向前发展。老年教育不仅规模进一步做大,而且办学机构重视改善办学条件、加强课程建设、完善教育教学规范,积累了比较成熟的办学经验,形成了老年教育内涵式发展的良好势头,其中涌现了重庆市老年大学、渝中区山城老年大学、大足区老年大学、万州区老年大学等一批在市内外有影响的老年大学。同时,在办学方式上实现多样化,出现了民办老年大学,如渝北龙溪镇龙塔老年大学、渝中区群山老年大学、渝中区大帝老年大学等,并形成一定的办学特色。

本阶段,老年大学(老年学校)是老年教育的基本形式,甚至是唯一形式,老年教育的办学模式单一。2010 年,随着全市成人扫盲教育完成任务,社区老年教育开始萌芽,拓展了重庆老年教育发展模式。

三、科学发展阶段(2017 年至今)

2017 年,重庆市人民政府办公厅出台了《重庆市老龄事业发展和养老体系建设“十三五”规划》,这是重庆市第一个专门针对老龄工作的专项规划。它将老年教育发展目标设定为:经常性参与教育活动的老年人口比例达到 20%以上,建有老年学校的乡镇(街道)比例达到 50%,建立健全“区县—乡镇(街道)—村(社区)”三级老年教育网络,扩充老年大学招生范围,鼓励支持社会力量举办或参与老年教育,构建融信息传播、数据存储、行政办公、教务管理于一体的老年教育信息服务管理系统。同年 12 月,《重庆市人民政府办公厅关于老年教育发展的实施意见》(渝府办发〔2017〕192

号)出台,这是重庆市出台的首个专门针对老年教育的正式文件。《重庆市人民政府办公厅关于老年教育发展的实施意见》充分肯定了老年教育的重要性,并提出“到2020年,基本形成城乡统筹、覆盖广泛、形式多样、特色鲜明的老年教育格局,参与老年教育的老年人达到全市老年人口总数的20%以上,参与远程老年教育的人数达到60万人以上”,要求“扩大老年教育资源供给,拓展老年教育发展路径,优化老年教育支持服务,创新老年教育发展机制,加强老年教育人才队伍建设”,提出重点推进“社会主义核心价值观培育计划”“老年教育机构培育计划”“老年教育资源开发计划”“远程老年教育推进计划”等,明确各部门在发展老年教育中的主要职责与任务,以促进老年教育发展目标的实现。2017年,重庆市第四届人民代表大会常务委员会第四十二次会议修订了《重庆市老年人权益保障条例》,对老年教育的发展作出了更为详细的规定;《重庆市老年人权益保障条例》(修订版)提出“市、区县(自治县)人民政府应健全保障老年人权益的各项制度,实现老有所为、老有所学、老有所乐”;《重庆市老年人权益保障条例》(修订版)还专门对老年教育发展作出了明确规定,要求市、区县(自治县)人民政府加大对老年教育的投入,将老年教育纳入教育发展规划和终身教育体系,完善老年教育设施、师资力量和课程开发等,促进老年教育资源向城乡老年人公平开放,鼓励和支持社会力量参与老年教育,积极借助现代信息技术发展老年远程教育。随着重庆市人口老龄化的持续推进、老年教育观念的更新及老年人学习需求的高涨和社会经济发展水平不断提升等,重庆市继续加大对老年教育的投入力度,逐步将老年教育纳入教育发展规划和终身教育体系,推动了重庆市老年教育政策的特色化发展。近年来,重庆市老年教育发展迅速,在保持各级各类老年大学(学校)主要渠道的基础上,老年教育开始向职业教育、社区教育、基础教育及普通高等教育等拓展,开启了老年教育的多样化供给新格局。

本阶段,重庆市将老年教育作为一个独立的领域进行顶层政策设计。从属性上,无论是在老龄事业还是教育事业两个方面都基本厘清了“姓什么”的问题,找到了恰当的定位;从功能上,基本明确了老年教育既服务于经济社会发展的大战略,也服务于人终身发展的人文诉求;从发展模式上,正在构建“纵向到底、横向到边”的全方位、全覆盖老年教育网络体系。

第二节　重庆市老年教育的主要成绩

重庆市坚持“党委领导、政府主导、社会参与、全民行动”的老龄工作方针，扩大并逐步优化老年教育资源供给，满足老年人多样化学习需求，基本形成“以老年大学为主体、社区学院为支撑、职业院校为补充”的具有重庆特色的老年教育格局，老年教育取得较好成绩。

一、老年教育管理进一步规范

重庆市建立了市老龄工作委员会，其办公室设在重庆市卫生健康委员会，统筹全市老年工作。老年教育基本上由市老年大学系列、社区教育系列、职业院校系列组成，重庆市教育委员会承担了老年教育协调工作，重庆市老年大学协会承担了老年大学系列统筹协调工作，重庆市社区学院承担了社区教育系列统筹协调工作，重庆市教育科学研究院承担了职业院校系列统筹协调工作。截至 2019 年末，全市共有老年大学（学校）1 421 所，其中，市级老年大学 1 所，区县级老年大学 44 所，高校及企事业单位老年大学 20 所（其中民办老年大学 10 所），乡镇街道老年学校 324 所，社区村级老年教学点 1 032 个，在校学员 345 425 人（次）；老年大学（学校）的管理部门有组织部门或老干局民政部门、文化旅游部门、教育部门、卫健委老龄工作服务中心和企事业单位及民营主体，全市各老年大学间无隶属关系。主要依托设在重庆市老年大学的市老年大学协会秘书处起联系带动作用。全市共有社区学院（学校）4 413 所，其中，市级社区学院 1 所，区县级 24 所，乡镇街道级 484 所，社区（村居）学习中心 3 904 个；社区教育系统开展的各种教育培训活动累计培训 175 万人次，其中 60 岁以上老年人培训 486 791 人次。全市有 50 余所职业院校参与老年教育。远程老年学校有 642 所，教学点 1 995 个，注册学员 289 840 人次，参加远程学习人数 60 余万人次。全市老年人受教育人数占老年人口总数的 15.17%。

重庆市各老年大学重视在教学管理中突出发挥党建引领作用，坚持中国共产党的领导和中国特色社会主义道路，确保正确的办学方针和培养目标；坚持制度文化的建设，注重管理效能提高，重视有章可依，与时俱进，顺应老年教育发展变化趋势，适时修订与完善各项规章制度，确保老年教育规范、长效发展；重视有章必依，要求全体教职员工必须按照程序依章办事，密切联系教师学员，在制度践行中增强服务意识和责任心；重视执章必严，严格落实责任目标考核，确保公平公正，激发并维系好教职工的工作热情，工作推进中注重以落实发展规划目标为中心，确保工作的连续性、规范性和科学性。

重庆市老年大学结合老年教育自身特点，组建老年大学学员社团，坚持自我教育、自我管理、自我服务的“三自”原则，突出群众性、公益性特点，各校均设有学员委员会（以下简称“学委会”）、艺术团、学员志愿者服务队等学员社团组织。充分发挥校、系两级学委会和班委会的学员干部在学员“三自”管理中的作用。学委会是本校全体学员的群众团体组织，是学校联系学员的桥梁和纽带。校学委会的基层组织是系学委会和班委会，全部由学员组成，发挥了主人翁作用。校学委会在学校职能部门的指导和系主任的配合下，共同组织系学委会和班委会完成各项任务。校学委会委员经全校学员代表大会选举产生。校学委会设正副主席和职能部正副部长（设学习部、文体部、宣传理论部），由 10 名左右学员委员担任。学校还组建了校艺术团、党员互帮服务总队、学员红岩志愿者服务队、文学沙龙、读书会、诗词学会、摄影协会、弘扬巴曼子将军精神研究会、书画研究会等一批校、系级学员社团组织，呈现出组织灵活、形式多样的特点。

二、老年教育投入进一步增强

重庆各级政府不断增加经费投入，市财政每年安排专项资金用于老年教育发展，全市老年教育办学经费呈现出逐年增加的态势。各区县根据实际情况，建立起市、区（县）级的老年大学办学经费来源主渠道为财政拨款，乡镇（街道）、村（社区）级老年学校经费采用财政拨款、社会赞助、学员学费相结合的方式，民办老年大学均是自筹经费办学的模式。2019 年，重庆各级老年大学的办学经费达到 3 952.86 万元。各级政府通过盘活机关事业单位闲置公共资源，通过旧房改造、政府购买服务等方式，扩大办学场地和规模，不断增加设施设备投入，满足老年人受教育的需求。各级政府加大了老年大学校舍建设，很多区县公办老年大学都拥有了独立校舍。如重庆市老年大学的新校舍按照“安全环保、适老实用、投资可控、美观大方”的建设原则，占地面积 21 亩，建筑面积 1.9 万平方米，设有 43 间教室，具有设计合理、质量优异、利用率高的特点，得到学员的称赞。忠县老年大学拥有两个校区，一个校区位于繁华的宏达商场 1 至 3 楼，校舍面积 2 160 平方米；另一个校区位于忠县县城西部田坝大桥旁的湿地公园内，校舍面积 6 000 平方米，设有教学楼、办公楼、多功能剧院、娱乐生活用房 4 栋功能房，楼外有文化长廊、宣传专栏等校园文化配套设施；另外，在忠县中学旁还有一所分校，以满足远郊地区老年人就近入学。南岸区新建的区老年大学位于茶园新区，校舍面积5 000 平方米。北碚区老年大学位于缙云山风景区山下，独立校舍面积 1 万多平方米。西南大学老年大学校舍面积 3 000 多平方米，其中 400 多平方米的舞蹈排练厅和多媒体教室比西南大学本部教室还要现代和优越。万州区老年大学除微机室、多媒体教室外，还有多功能演艺大厅。巫山县老年大学新建的独立校舍也超过 1 万平方米。大足区老年大学位于城市新区科技馆楼上，校舍面积 7 360 平方米，教室 14 间，功能性教室和体验教室 9 间。企事业单位利用自身的活动室、会议室等开展教育教学，民办老年大学（学校）基本上是租借当地政府部门的公房开展教学。

三、老年教育办学形式进一步丰富

（一）老年大学发挥了主力军作用

重庆各级政府较为重视老年大学发展，不断增加经费投入。同时，各级老年大学从老年人的实际需要出发，开发多层次、多元化的课程，如文史、创作、语言（普通话、外语等）、书画、音乐、舞蹈、戏曲、器乐、形体、时装表演，中医保健、推拿按摩、运动健身、家庭教育，电脑、网络、数码影像，工艺美术、烹调技艺、花卉栽培、缝纫等。目前，老年大学通过线上线下结合等方式，开展老年教育活动，是老年教育的主力军。

（二）社区学院发挥了重要支撑作用

近年来，根据重庆市教育委员会的要求，重庆市社区教育服务指导中心把开展老年教育作为社区教育工作重要内容进行安排和部署，要求各区县社区教育体系，丰富适应老年人学习需求的在线资源，整合社区教育体系资源，开展适合老年人学习的课程、专题讲座和文体活动。重庆市社区教育服务指导中心每年采购2 000余集适合老年人学习的老年人常见疾病预防、健康养生、文化艺术、历史、哲学、法律、科技等领域的数字化课程资源，并上传至重庆终身教育网供市民在线学习。该项目目前已累计达到7 031集，注册人数125 000余人，访问学习216万余人次。同时，渝中区、南岸区、沙坪坝区、北碚区、渝北区、九龙坡区、璧山区等地也开通了数字化学习平台，累计上线近5万门课程资源，满足市民在线学习需求。各区县社区教育学院、社区学校和社区学习中心常年开设老年人需求较大的书法、绘画、剪纸、舞蹈、声乐、茶艺等课程，举办健康养生、疾病预防、疫情防控等专题讲座及社区文化艺术节、全民终身学习活动周等大型主题活动，开展钱棍舞、苗绣、川剧、蜀绣等非遗项目的传承学习活动。同时，开展乡风文明建设、种养殖技术培训、乡村文化讲堂等活动，满足了农村老年人的学习需求。社区学院为重庆市老年教育发展发挥了重要支撑作用。

（三）职业院校发挥了生力军作用

2018—2022年，在重庆市教育委员会指导下，重庆市教育科学研究院先后在全市中等职业学校启动了4轮老年教育中心培育试点，探索多渠道增加区域内老年教育供给总量的路径，到2022年共将25个区县50余所职业院校培育为老年教育试点学校；重庆市教育科学研究院老年教育研究中心牵头组织管理，为每个试点学校提供财政经费4万元。老年教育试点学校充分发挥校园场地、设施设备、专业师资等优势，联合街道、社区等开展老年教育体验活动，教师学生志愿服务队定期到敬老院送教、送活动、送温暖。460余名职业院校教师直接参与老年教育课程、教材和资源建设，编写养生保健、文化艺术、信息技术、医药护理、家政服务、社会工作、园艺花卉、传统工艺等系列教材20余本、校本教材40余本，印发60万余册免费送给区县老年大学和社区学院；开发130余门课程，制作500余个微课数字资源，并提供200个正式出版的数字资源给重庆有线电视播放，赠送给41个区县社区学院，供老年人居家线上学习使用。4年来，线上线下参与试点学校老年学习活动的城乡老年学员2.5万人次以上，涵盖重庆市70%以上的县级行政区域。职业院校参与老年教育，增加了城乡老年教育校点，扩大了老年教育场所、补充了老年教师师资、丰富了老年教育资源，成为重庆市老年教育发展的生力军和老年教育的有力补充，为重庆市多途径破解老年教育供给矛盾探索了可行方案。

（四）在线教育发挥了创新作用

依托重庆市委组织部党员干部现代远程教育“红岩网”开设农村老年远程教育，极大地丰富了全市老年人的精神文化生活。在重庆有线电视开设了“养老789”频道，覆盖全市所有老年人。截至2019年底，全市建成各级各类老年远程学校642所，远程教育教学点1 995个，覆盖了全市38个区县的乡镇村社及部分社区，学员人数接近60万人。重庆市社区教育服务指导中心通过重庆终身教育网，开展远程老年教育，注册人数达到12万余人。重庆市教育科学研究院通过“桑榆尚学”公众号和重庆市职教云平台，向公众推送老年教育视频资源。新冠感染疫情期间，各地均采取信息化手段，通过录制课件、微视频以及钉钉上课的方式，依靠现代化信息手段，确保停课不停学。远程老年教育成为老年人居家学习的主要形式。

（五）文旅资源发挥了助力作用

重庆市重视开发文化旅游资源的老年教育功能，“十三五”期间，新建成14个市级文化设施；新改扩建区县图书馆23个、文化馆20个，图文两馆达国家等级馆率分别为100%、95.12%；新建博物馆42个，总数达到106个；升级乡镇（街道）文化站、村（社区）综合文化服务中心，全市建成794个乡镇、223个街道、7 992个村、3 107个社区综合文化服务中心，覆盖率分别达到99.5%、99.11%、99.92%、99.59%；建成8 318个农家书屋、10 000余个农村文化中心户（文化大院）；建成数字图书馆43家、数字文化馆43家、85个24小时自助图书馆；建成重庆网络电视台，用户数达500余万人，日均点击量超过520万人次。这些资源都对老年人免费开放。同时，根据《重庆市老年人权益保障条例》第五十四条第二款“在公园、旅游景区，六十五周岁以上老年人免购门票，不满六十五周岁的老年人半价购买门票”规定，公益性博物馆、纪念馆、美术馆、展览馆、文化馆（站）、图书馆等公共场所实现免费开放，老年人受教育的权益在文化旅游领域进一步得到保障。丰富的文旅资源推动了重庆市老年教育的进一步发展。

四、老年教育课程资源进一步完善

在对全市38个区县1万余名老年人的教育需求调查的基础上，重庆市以提高文化艺术修养为宗旨,以丰富老年人文化生活为内容,以实现美好幸福生活为目的,按照"以人为本、按需施教、从实际出发"原则,注重体现教学内容的时代性、科学性、系统性、层次性和思想性,进一步加强课程资源建设。

全市老年大学课程设置均从老年人的实际需要出发,突出兼顾老年教育共性和老年人个性特点,基本满足学员各个层次、各种兴趣爱好的多样化需求;课程设置各具特色、教学形式灵活多样。各校既开设有优秀传统文化课程和地域特色课程,又有与时俱进增设现代科学文化知识课程和老年人喜欢的健身娱乐课程,可以满足广大老年学员多样化学习需求。专业课设置的原则为"六个结合",即社会发展需要与老年人需要相结合,普及与提高相结合,传统文化与现代文化相结合,需要与可能相结合,相对稳定与发展变化相结合,学制因课程宜长短相结合,彰显以人为本,因材施教。课程设置分为两大类,即公共必修课和专业课。时事政治、卫生保健课为公共必修课,每期必须开设。专业课则应学员需求时有变化,有适应老年人精神追求和审美爱好的文化艺术类课程,如文史、创作、语言(普通话、外语等)、书画、音乐、舞蹈、戏曲、器乐、形体、时装表演等;有促进老年人健康长寿和心理健康的保健类课程,如中医保健、推拿按摩、运动健身、家庭教育等;有适应老年人与时俱进、充分享受生活的课程,如电脑、网络、数码影像等;有适应老年人服务自我、服务他人、服务社会愿望的课程,如工艺美术、烹调技艺、花卉栽培、缝纫等。课程设置有"科学性、合理性、引导性、实用性、时代性"五大原则,均较为重视课程的改革创新,形成了"基础+提高+表演"体系架构和办班模式;对书法班的专业按照专业要求,构建了书法系列模块架构,形成楷、隶、行、草四大系列课程体系;同时对中国画、电子琴、摄影、太极拳等专业,根据学员的爱好和学习需求,也分别完善了课程体系构架,包括学制安排、课程设置、教学大纲、教学计划、教材建设、学籍管理、评估考核、奖励表彰等各方面。据统计,截至2019年底,全市老年大学累计自编教材7大类、36种、483本,自编音像教材光碟150盘(套),自编教材使用率90%以上。重庆市社区教育服务指导中心每年采购2 000余集适合老年人学习的数字化课程资源上线重庆终身教育网供市民在线学习。重庆市教育科学研究院组织职业院校教师编写了《语文:能说会写》《数学:能说会算》《生活中的语文知识运用》《生活中的数学知识运用》《老年饮食营养类读本》《老年生活保健类读本》《老年运动休闲类读本》《老年医药卫生类读本》《老年文化艺术活动类读本》《老年信息技术应用读本》《果蔬种植实用手册》《老年日常生活料理》《家禽养殖技术指南》《养花养草自在晚年》《金融防诈骗》《婴幼儿照护》《宠物养护与常见病防治》《家庭插花艺术》《手工巧制作》《老年人康复调理》20本老年教育读本，创建“桑榆尚学”老年教育公众号并免费向公众开放，初步建成满足全市老年人多样化学习需求的体系化、层次化、模块化的老年教育课程资源体系。

在教材编写中，各校要求坚持以人为本、按需施教、从实际出发，结合老年教育特性和老年学员特点，注重体现教学内容的时代性、科学性、系统性、层次性和思想性，采取“急用先编，先易后难”的原则，严格把关，注重以积极老龄观的理念为指导，丰富老年教育课程资源。同时，在引导老年人充分认识自身价值、独特优势，鼓励量力而行的前提下，各校引导老年人助力脱贫攻坚、参与各类社会治理活动、开展公益活动等，为促进社会经济发展和增进社会和谐做出更多新贡献。

五、老年教育教师队伍建设进一步加强

重庆市采用编制和招聘相结合、专职和兼职相结合的方式，扩大教师队伍。2019年底统计数据显示，全市老年大学共有教师1 403人，在编教师32人，其余均为聘用。其中，退休人员约占全体教师的60%，在职聘用约占20%，大学毕业生自主求职和社会自由职业者约占20%。社区教育系统和部分职业院校有少数兼职老年教师。为进一步提升教师能力水平，由重庆市老年大学协会通过老年大学校长培训、全市老年教育新闻宣传工作培训、老年教育理论研究培训等业务知识讲授和典型经验交流、现场参观等方式，对相关老师系统讲授培训老年教育相关理论、老年大学办学经验，推动全市老年教育事业健康发展。同时，重庆市老年大学协会每年举办教师培训班，开展各类公开课、示范课及各片区、学校教师观摩课和各类教研活动以及参观考察活动，提高教师素质。重庆市社区教育学院和市教育科学研究院也组织了社区教育系统和职业院校老年教育老师培训共360余人次。2022年11月，由重庆市人力资源和社会保障局主办，渝中区山城老年大学承办，举办了成渝地区老年大学骨干教师高级研修班，来自重庆、四川各地的60余名老年教育骨干教师参加了交流。研修班以“新时代老年大学骨干教师教学能力建设”为重点，学习交流内容涵盖了终身教育、课程开发、课堂管理、课题研究、老年人心理等主题的专家讲座，对民族舞、声乐等课程进行展示研讨，对纸艺花、掐丝珐琅等特色课程开放体验，交流活动内容丰富，形式多样，有效提升了老年大学骨干教师教学能力和水平，促进了成渝地区人才互联互通，为区域老

年教育高质量发展提供了人才支撑。

重庆市高度重视老年教育教师职称评定工作。在重庆市职称改革办公室领导的高度重视下,重庆市老年教育教师初、中、高级职称评审委员会相继组建并已全线贯通,由渝中区山城老年大学挂靠管理。全市已有涉及11个专业52人次参加了老年教育职称的评审。老年大学教师职称制度打通了老年教育教师成长通道,破解了制约老年教育教师队伍专业化、职业化发展的瓶颈问题,稳定了老年教育教师队伍,促进了队伍专业化、职业化,召唤着更多优秀人才投身这项新时代的新事业,有力地推进了重庆市老年教育的可持续性发展。

六、老年教育交流平台进一步开放多元

重庆市有的老年大学在人文景点开设国学爱国经典课堂;有的在公园美景中讲授中医太极养生;有的与文化宫、中小学联合开展书写汉字之美活动;有的用摄影记录民俗、脱贫攻坚、美丽乡村;有的围绕春节、元宵、清明、端午、中秋、重阳等节日开展各类特色教学活动,设计"跟党走进新时代"等一批百姓喜闻乐见的艺术精品,走进社区、部队、福利院等;有的联合文化、民俗、文物、旅游、社科界相关管理部门,挖掘、整理传统文化,将传统文化精髓归类,形成本土化传统教育系列读本,充实和丰富优秀传统文化宣传普及的内容,如竹刻、艺术花灯、农民画、茶道、诗词楹联、川剧等。重庆市老年教育交流主要特点有:第一,创建校园文化展示平台,突出爱国主义,赋予弘扬优秀传统文化的鲜明导向,展现校训、办学目标等丰富内容,拓展艺术长廊、作品展览馆等多种形式。第二,开设教学成果交流平台,做到每学期开一个动员会、办一次专业班座谈、听一场主题报告、展一批师生作品、演一台文艺节目、出一期校刊,各专业班或独立、或联合、或校际,开展融入社会的教学成果交流。第三,运行社团队伍公益平台,组建书法学会、国画学会、诗词学会、写作协会、艺术团等社团志愿者队伍,以学校、机关、农村、社区、企业、景区为基点,开展送文化公益活动。第四,联建多元部门活动平台,携手教育、民政、妇联等部门对贫困学子和留守儿童开展爱心帮扶,开展"传统文化进校园"、社区科普文化和"弘扬好家风传承好家训"等活动。第五,借力区域节会交流平台,结合区域文化特点和实际,保护和弘扬地方非物质文化遗产,精心创作凸显中华优秀传统文化、具有浓郁地方特点的文艺作品,深入挖掘本地人文素材,坚定文化自信。第六,搭建文化交流平台,坚持走出去,积极参与有关地区、全国

以及国际老年教育组织的活动，探索老年游学，拓宽国际视野；坚持“请进来”，利用地方旅游文化资源，打造示范游学基地，弘扬地方传统文化，如在大足区老年大学开机拍摄了中国、加拿大合作电影《春色撩人》（又名《梨花静静开》），剧情展现了老年大学合唱、舞蹈、书法、器乐等多个专业的教学活动，有150余名师生担当群众演员。电影参加了多个国际电影节，反响热烈，对彰显中国特色社会主义制度的优越性和宣传中国老年教育的先进性具有重要意义。

七、老年教育理论研究进一步深化

重庆市老年教育理论研究工作者坚持以习近平新时代中国特色社会主义思想为指导，注重坚持理论创新和学术交流，充分发挥理论研究对老年教育发展的实践指导作用。一是主动加强与国际性老年教育的交流。先后接待英国、日本老年教育研究访问学者，积极参加国际第三年龄大学协会研讨会、国际老年大学协会理事会议及国际老年教育研讨会。国际老年大学协会会长弗朗索瓦·维拉斯先生还表示“有时间一定去重庆学习”，重庆老年教育的发展经验在国际老年教育界备受关注。二是积极参加全国性的老年教育学术交流。积极参加中国老年大学协会理论研讨会，每一届都获得了组织奖及各等次奖项，承办会务工作也受到各方好评。重庆市老年大学被中国老年大学协会批准为首批全国老年教育理论研究基地。积极组织参加两岸四地（港澳台渝）老年教育理论研讨会，促进两岸四地（港澳台渝）老年教育协同发展。渝中区老年大学于2020年承办中国老年大学协会主办的“新时代老年大学研讨会”。三是参加区域性的老年教育交流。积极组织并参加中国老年大学协会西南片区协作组老年教育合作交流会和川渝老年大学协作会，推进地区间老年教育理论与实践发展。四是组织全市性的老年教育学术交流。2000年5月，大足区老年大学召开重庆市老年大学协会首次老年教育理论研讨会，至今已举办11次全市老年教育理论研讨会，加强了全市范围内老年教育的理论交流，促进了全市老年教育共同提高和发展。以重庆市老年大学协会为依托，重庆市从2007年开始，举办了6期重庆市老年大学校长研修班，巩固和提高了区县老年大学校长的理论研究和行政管理水平。五是组织片区老年教育交流。依托协会推动重庆区域内老年大学的交流合作。自2001年在万州区老年大学召开重庆市老年大学协会渝东片区第一次协作会探讨老年教育发展方向以来，为促进重庆老年教育的合作交流，会议划分了六个片区，每个片区每年都会组织召开协作会，结合老年教育发展的特点，确立主题，相互交流协作。

重庆市教育科学研究院充分发挥自身科研优势，完成全国教育科学规划“十三五”规划教育部重点课题“城乡统筹背景下老年教育资源供给的第三空间路径研究”和重庆市教育科学“十三五”规划2019年度重点有经费课题“积极老龄化背景下职业院校老年教育资源供给模式的实践研究”，承担了重庆市教育科学“十四五”规划2021年度重点课题“重庆市老年教育城乡统筹发展策略研究”和重庆市哲学社会科学规划2022年度一般项目“积极老龄化背景下职业院校参与老年教育的实践模式研究”，出版《省域老年教育比较研究——基于京、津、沪、渝、苏、浙的个案分析》《重庆市老年教育理论与实践研究》等3部专著，公开发表《新时代人口老龄化对老年教育的影响及应对》《新时代人口老龄化对老年教育的影响及应对》《新时代背景下老年人学习需求调查研究——基于重庆市的数据》《职业教育开发老年人力资源的价值认知、原则遵循与策略建构》《新时代农村老年教育创新发展的实践与思考》《教育供给侧视域下中等职业学校开展老年教育的路径探究》《发挥科研优势助推老年教育》《农村老年教育的特有“风情”》《打造职业教育与老年教育融合发展新格局——重庆市教科院发挥职教专业优势，开发老年教育课程资源》《职业院校开展老年教育的价值与策略探索——以重庆市职业院校老年教育试点项目为例》《新时代我国老年教育发展趋势与策略思考》《教育供给侧改革视域下中等职业学校开展老年教育的路径探究》《职业院校参与社区老年教育的实践与探索》《职业院校供给老年教育资源的实践探索与优化路径——以重庆市“职业院校老年教育中心培育计划”为例》《学校教育参与供给老年教育资源的价值与路径》《省域大众性老年教育需求调查及制度设计研究——以重庆市为例》《老年教育体系构建存在的问题及优化措施》等20余篇学术论文。

八、老年教育社会支持进一步广泛

全市老年教育得到了民政、农业、医疗卫生、教育、体育、文化旅游等相关单位的支持。如重庆市民政局积极为各老年大学捐赠体育器材和设备，重庆市教育科学院免费发放适合老年人阅读的书籍。各区县、乡镇、村社区积极支持当地老年教育事业的发展，企事业单位大力支持行业老年大学发展，有效地促进了全市老年教育事业的繁荣发展。以渝北区龙塔老年大学为例，该校是一所街道管理的民办老年大学，办学历史16年，校管会全部管理人员无私奉献，不拿工资报酬，全校各班级干部都是自愿奉献，自治管理。运转主要靠收取学费、社会赞助和师生员工支持。

九、老年教育的思想教育氛围进一步浓厚

全市各老年大学坚持政治立校，重视思想政治教育和优秀文化传承，自觉增强道德品质，常态化巩固理想信念。各校通过党课、政治教育课、时事报告、学员思想互助等多种形式，开展思想政治工作，在学员中积极开展深入学习党的重要会议精神和系列主题教育精神，提升学员党建工作的能力和水平。如重庆市老年大学每年都支持和派出党支部骨干学员参加重庆市委老干局举办的老干部党校骨干培训班。各老年大学结合重大历史事件和纪念节日，如建党纪念日、国庆节和重阳节等，组织书画摄影展、文艺演出等多形式活动，弘扬正能量；通过大型报告会、专题讲座、座谈会、微信、板报、党员学习园地等多种形式，组织召开党小组活动、经验交流座谈会，定期发放学习资料，宣传党的最新理论成果和党的路线方针政策，积极引导党员、学员干部发挥好“三自”作用，充分发挥党支部的战斗堡垒作用和党员的先锋模范作用，培育和践行社会主义核心价值观。

十、老年教育社会效益进一步彰显

重庆市注重以积极老龄观理念为指导，引导老年人充分认识自身价值和独特优势，鼓励在量力而行的前提下，参与社会经济活动，促进社会经济发展、增进社会和谐稳定。

一是提高老年人生活质量。老年教育让老年人不断学习新知识、新技术，接收新观念、新事物，丰富文化生活，推进健康生活方式，参与社会服务，愉悦老年人身心，紧跟时代步伐，提高老年人的社会适应能力和生活质量。

二是助力国家脱贫攻坚。一方面，城乡老年大学（学校）牵手，利用城市老年教育的优势资源，宣传党和国家的扶贫政策、扶贫成效，诠释坚定的理想信念、自强不息的人格精神，教育和引导贫困群众提高生存技能，改变陈规陋习，提升文明素养。另一方面，按照扶贫对象属地化管理原则，利用有利办学条件，建立贫困老人精准帮扶机制，送公民教育、文艺活动、实用技术进乡村，对辖区贫困老年人免收学费，对有意愿参与经济社会发展的老人定制岗位技能培训课程；开放老年大学资源，关注困难群体

子女教育，面向留守儿童、城市流动儿童开设“梦想课堂”公益项目，扶贫与扶志、扶智相结合，合力阻断贫困的代际传递。

三是维护社会公平稳定。各校通过课堂教学、社团活动、志愿服务等多种形式，增强老年人的主体意识、民主意识、参与意识、合作意识，鼓励老年人发挥智力优势、经验优势和技能优势，尤其是发挥老同志的政治优势和威望优势，主动参与各类社会治理活动，提高公共事务治理水平和成效。依托办学网络体系，搭建各类平台，指导基层老年教学点创新教育载体和学习形式，将课堂教学延伸到课外，将教学班级发展为学习型团队，让学习型团队链接成学习圈，使松散的社区老人成为有组织的群体，发挥老年人在处理邻里纠纷、推进邻里互助，进行文明劝导、开展文明创建，宣传生态文明、加强环保督导等方面的作用，提升老年人参与社会治理的价值感。服务社区、融入社区、参与社区、建设社区，办学的触角延伸到最微观的基层社区。

四是弘扬社会主义核心价值观。各校通过文艺表演、书画展览、传统革命故事宣讲等各种公益活动，宣传社会主义核心价值观；通过典型塑造、榜样激励等形式，践行社会主义核心价值观；引导老年人做社会主义核心价值观的宣传员，促进中华优秀传统文化的代际传承；通过银龄志愿服务队、老专家宣讲团、健康直通车等载体开展老年大学进校园、进社区、进企业、进机关、进农村公益服务活动，扩大老年大学服务对象，自觉践行社会主义核心价值观。

第三节　重庆市老年教育的主要问题

随着人口老龄化的加剧、老年人学习需求的增长、学习品位的提升，老年教育也面临着诸多难题，主要表现在以下八个方面。

一、老年教育现代化治理体系不完善

目前，重庆市老年教育的办学主体有组织部门或老干局、民政部门、教育部门、文化和旅游部门、卫健委、老龄工作服务中心、企事业单位及民办个人或法人，各办学主

体之间各自独立，基本上仍处于“多头主办、多部门主管”“多龙治水、各自为政”的状态。以重庆市老年大学协会统计的65所老年大学（学校）为例，属组织部门或老干局管理的22所，民政部门管理的6所，文化和旅游部门管理的4所，教育部门管理的4所，卫健委管理的11所，老龄工作服务中心管理的1所，其余企事业单位及个人管理的17所。党委领导、政府统筹，教育、组织、编制、财政、人力社保、民政、文化、老龄等部门密切配合，其他有关部门共同参与的老年教育工作机制尚未真正建立，老年教育机构管理部门众多且分散，相互间权责不明、统筹协调力度弱、互联互通欠缺，造成课程开发等工作重复开展，而统计等工作却无人负责，严重影响了资源整合、师资供给、课程与教材建设、基础条件保障等工作的有效实施，制约了重庆市老年教育的发展，老年教育管理体制亟待顺畅。

全国已经有安徽等多个省级行政区域制定了促进老年教育发展的地方性法规。它们明确了老年教育管理体制，把发展老年教育明确为县级以上人民政府及相关部门的法定职责，增强了法律的强制性和约束力；调整了老年教育资源配置与条件保障，鼓励和支持社会力量参与老年教育，鼓励社会组织和个人依法通过独资、合作等形式举办或者参与老年教育等；明确规范老年教育机构及其管理，围绕老年教育机构设立、师资队伍建设和教育教学管理等问题作出较为全面的立法性规定要求；有的还提出了“三个纳入”机制，即“把老年教育纳入国民经济和社会发展规划以及教育事业发展规划”“将政府举办的老年教育机构经费纳入同级财政预算”“将老年教育机构纳入城乡公共服务体系”，进一步细化实化“政府主导”老年教育发展的职责。这些规定对加快推动省域老年教育发展、构建服务全民终身学习教育体系具有重要意义。但重庆市尚未开展老年教育的地方立法工作，老年教育的管理机制、部门职责、经费投入等根本性问题无法解决。

二、老年教育资源供给缺口较大且分散

重庆市第七次全国人口普查数据显示，重庆市60岁及以上人口为701.04万人，占比21.87%，比全国平均比重高3.17%。其中，65岁及以上人口为547.36万人，占比17.08%，比全国平均比重高3.58%。重庆市60岁及以上人口占比居全国第五、中西部第一，仅低于辽宁、吉林、黑龙江、上海；65岁及以上人口占比居全国第二，仅次于辽宁。重庆市常住人口的老龄化程度位居全国前列。老龄人口不断增加，渴望接受教

育的老人急剧增多,远远超过了老年教育办学机构的学位供应量,优质资源学校和紧俏课程“一座难求”现象突出,老年教育资源供给严重不足,老年人的学习需求难以完全满足。2019 年,全市老年人受教育人数占老年人总数的 15.17%。与《重庆市人民政府办公厅关于老年教育发展的实施意见》提出的“到 2020 年,通过各种途径、方式参与老年教育的老年人达到全市老年人口总数的 20%以上”仍有较大差距。

重庆市老年教育的硬件资源、教师资源、课程资源及远程教育资源都分布在老年大学、社区学院(校)、职业院校以及各委、办、局、社会单位的老年教育机构,资源分布较为分散,未得到充分、有效的运用和整合,导致有的老年教育资源闲置,甚至出现重复建设的现象。

三、老年教育发展不平衡

与主城区相比,远郊区县(特别是渝东南和渝东北地区)老年教育普遍薄弱;与县城相比,乡镇和农村老年教育普遍薄弱;与组织部门和老干部管理的老年教育机构相比,其他部门管理的老年教育机构普遍薄弱。

四、老年教育的投入不足

办学经费投入是考量老年教育事业发展的主要指标之一。从全市老年教育经费投入的来源看,以财政性经费投入为主,且办学经费呈现出“三多三少”的特征:经济发展水平较高的区县经费投入相对多,经济发展水平较低的区县投入较少;主城区投入较多,远郊区县投入较少;县级及以上老年教育机构经费投入相对多,乡镇和农村老年教育机构经费投入少。高校、企事业单位举办老年教育也缺乏财政性经费支持。同时,相当一部分老年学校普遍存在着办学规模不大、办学场地不够、办学条件简陋、硬件设施不完善等问题,这无疑制约了老年教育事业的发展。

五、老年教育教师队伍建设相对滞后

重庆市老年教育机构基本上没有专职教师,教师以临聘教师、兼职教师为主。聘任的教师年龄偏大,稳定性较差,难免有“过客”心理;聘请的教师通常没有固定工资,根据被聘请人的资历,一般按小时标准给付报酬,待遇相对较低甚至有些是无偿劳动,专业教师通常不愿“低就”接受老年教育教师职位的聘任,再加上没有教师聘任和评价考核标准及培训培养机制，导致教师素养参差不齐，教师专业化水平整体不高。

六、老年教育规范缺失

老年教育机构的设施设备、课程建设、投入保障、师资配备等办学条件均没有基本的规范要求，教学过程管理、课程设置、教学质量评价等均没有基本的评估标准，老年教育机构办学的随意性较大，缺乏基本的办学标准和规范。

七、老年教育课程多样化不强

目前，老年教育的课程编排、操作形式大同小异，不同职业背景、不同文化程度、不同民族、不同性别特征的老年群体所需的个性化课程涉足较少，甚至是“借米下锅”，有什么条件就开什么课。很多老年人只是在目前固有的模式中寻找一些适合自己的内容，一旦没有收获，就可能放弃参与。符合老年人个性需求的多样化课程不足。

八、对老年教育的思想认识不到位

一些区县、部门和领导对发展老年教育的必要性和紧迫性认识不足，认为老年教育可有可无、无关大局，认为发展老年教育是“可缓可急”的事情，发展老年教育的社会氛围不浓。不少老年人（特别是农村老年人）没有认识到老年教育对自己个人生活和社会发展的价值，仍没形成“再学习、不停学”的基本认知。

第三章

职业院校服务老年教育的价值意蕴

DI SAN ZHANG

ZHIYE YUANXIAO FUWU LAONIAN JIAOYU DE JIAZHI YIYUN

第一节 职业院校服务老年教育的价值分析

一、丰富职业院校办学内涵

（一）提升职业院校社会服务能力

职业院校不仅具有培养技术技能人才、技术创新和文化传承的职能，还要根据办学定位进行必要的社会服务。职业院校不仅担负着为地方经济社会建设培养技术技能人才的重任，还必须落实好实施学历教育与培训并举的法定职责，秉承服务地方、服务大众的办学理念，以服务求支持，以贡献求发展，促进地方经济社会发展。尤其是在当前国家大力发展职业教育、全力推进"双高计划""双优计划"的背景下，职业院校的社会服务职能越来越受到社会各界的关注，开展社会培训服务是高职院校服务社会的一项重要内容。职业院校具备供给老年教育资源的现实条件：一方面，职业院校在场地、专业、师资和设施设备上优势明显，能够为开展老年教育提供强有力的条件支撑；另一方面，职业院校长期组织面向成人群体的各类培训，具有较高的培训活动组织能力，能够为老年教育的开展提供坚强的组织保障。职业院校参与老年教育是彰显社会服务功能、提升社会适应性的重要体现。

（二）加强职业院校相关专业建设

职业院校服务老年教育可以增加职业院校涉老专业招生名额，加大老年医学人才和老年护理队伍培养力度，加强为老服务人才培养培训，提高专业技术能力和人员素质，推进老年学、老年医学、老年护理学、老年心理学、老年社会学、老年营养学、老年服务与管理、老年社会工作等相关专业和学科建设。

二、助力老年教育发展

现有的老年教育资源供给难以有效满足老年群体的学习需求，这是当前老年教育发展面临的最大问题，老年教育亟须从供给侧结构性改革方面进行范式转型。从办学目标的公益性、资源来源的多元性、办学过程的自主性及服务社会的志愿性等方面审视，职业院校可联合民政局、养老院等老年服务机构培养“适老人才”，提供专业培训；可与老年大学开展合作，为老年学员开发老年教育课程，提供老年教育师资，以提升老年教育的质量与影响力；可与社区或社区学院联动，依据社区老年人的特点与兴趣定制如西点制作、家政、旅游、健康养老等社区老年教育课程或专业培训，满足社区老年人的学习需求。职业院校参与供给老年教育资源不仅体现了满足社会需求和承担社会责任的时代担当，还可以弥补完全依靠政府和市场配置老年教育资源的不足，有效满足老年人多样化的学习需求，推进老年教育持续发展。

三、促进社会和谐

（一）推动学习型社会建设

老年教育是全民终身教育体系最薄弱的环节，是学习型社会建设的“最后一公里”。职业院校依托自身专业优势、师资优势、资源优势，从专业师资的培养到课程资源的开发再到学习场所的建设等维度，不断拓展职业教育职能，满足老年人群体多样化和个性化的学习需求，推进老年教育发展，营造“全民学习”的氛围，为构建全民终身教育体系、建设学习型社会贡献力量。

（二）助力乡村振兴

职业院校可充分发挥自身优势，围绕乡村振兴战略，推进职业教育改革，以培养农村老年人种植养殖技能为载体，实施“智慧助老”服务银发经济，搭建老年教育资源平台，做精做深“智力支持、技能帮扶、文化建设、文明乡村”，开展“菜单式”“靶向式”培训，助力乡村人才振兴；搭建“合作式”“开放式”服务平台，帮助乡村特色产品走向大市场；构建“融通式”“整合式”社会服务体系，助推乡村文化产业；建立“走出去”“引进来”服务模式，促进乡风文明建设，提升老年人的获得感、幸福感、安全感。

第二节 职业院校服务老年教育的现实优势

一、政策优势

针对目前老年教育资源供给严重不足和老年人学习需求日益增长等现实问题，党和国家非常重视发挥职业院校社会服务功能，把职业院校开展老年教育活动作为落实其社会培训法定职责、增强职业教育社会适应性和扩大老年教育资源供给的重要途径，出台系列文件推进职业院校开展老年教育活动。

2016 年 10 月，《国务院办公厅关于印发老年教育发展规划(2016—2020 年)的通知》指出："整合利用现有的社区教育机构、县级职教中心、乡镇成人文化技术学校等教育资源，开展老年教育活动……促进各级各类学校开展老年教育。推动各级各类学校向区域内老年人开放场地、图书馆、设施设备等资源，为他们便利化学习提供支持，积极接收有学习需求的老年人入校学习。探索院校利用自身教育资源举办老年教育(学校)的模式。推动普通高校和职业院校面向老年人提供课程资源，特别是艺术类、医药卫生类、师范类院校和开设有养生保健、文化艺术、信息技术、家政服务、社会工作、医疗护理、园艺花卉、传统工艺等专业的职业院校，应结合学校特色开发老年教育课程，为社区、老年教育机构及养老服务机构等积极提供支持服务，共享课程与教学资源……鼓励综合类高校、师范类院校、职业院校开设老年教育相关专业，其他高校也要加强老年教育相关专业建设……各级各类学校要鼓励教师参与老年教育相关工作，并纳入本校工作考核，支持教师到校外老年教育机构兼职任教或从事志愿服务。"2017 年 12 月，《重庆市人民政府办公厅关于老年教育发展的实施意见》明确要求"支持职业院校、成人教育院校等学历教育机构、乡镇成人文化技术学校挂牌老年教育学校，开展老年教育""实施职业院校老年教育中心培育计划""鼓励职业院校和普通高校根据我市老年教育事业发展的需要，开设养老教育专业，加快培养老年医学、康复、护理、营养、心理和社会工作、经营管理、康复辅具配置等人才"。

2019 年 2 月，中共中央、国务院印发的《中国教育现代化 2035》明确规定："强化职业学校和高等学校的继续教育与社会培训服务功能，开展多类型多形式的职工继续教育。扩大社区教育资源供给，加快发展城乡社区老年教育，推动各类学习型组织建设。"2020 年 9 月，教育部等九部门印发的《职业教育提质培优行动计划（2020—2023 年）》明确规定："鼓励职业学校积极参与社区教育和老年教育，与普通高校、开放大学（广播电视大学）、独立设置成人高校、各类继续教育机构互联互通、共建共享，形成服务全民终身学习的发展合力。在老年教育、特殊教育、学前教育、卫生护理、文化艺术等领域，遴选 500 个左右社区教育示范基地和老年大学示范校。"2021 年 11 月，中共中央、国务院印发的《关于加强新时代老龄工作的意见》明确规定："扩大老年教育资源供给。将老年教育纳入终身教育体系，教育部门牵头研究制定老年教育发展政策举措，采取促进有条件的学校开展老年教育、支持社会力量举办老年大学（学校）等办法，推动扩大老年教育资源供给。鼓励有条件的高校、职业院校开设老年教育相关专业和课程，加强学科专业建设与人才培养。"这些政策文件，为职业院校开展老年教育活动指明了目标方向和具体路径，为职业院校服务老年教育、促进职业教育和老年教育融合发展提供了政策依据和坚实保障。

二、规模优势

我国已经进入中度老龄化社会，老年教育学位"一座难求"现象普遍存在。究其原因是我国老年教育办学机构数量少，办学规模不足，满足不了老年人学习需求。我国自 1980 年提出发展职业教育以来，由于国家政策扶持和经费持续投入，职业院校得到了快速发展。2021 年全国教育事业发展统计公报显示，全国共有中等职业学校 7 294 所，高职（专科）学校 1 486 所，本科层次职业学校 32 所。当前，我国有近 9 000 所职业院校，它们蕴含着巨大的教育潜力，职业院校开展老年教育，可有效弥补老年教育办学规模不足的问题。

三、资源优势

我国老年人层次复杂，存在城乡差异、区域差异及背景差异。国务院《老年教育发展规划（2016—2020 年）》（以下简称《规划》）明确指出："要让不同年龄层次、文化程度、收入水平、健康状况的老年人均有接受教育的机会。"目前，我国老年教育办学机构课程设置仍以休闲娱乐为主,不能较好地开发老年人劳动技能和人力资源,提升老年人生命价值,未能适应学员社会化、多样化和个性化的学习需求。高等职业院校2020年全国教育统计数据显示,中等职业教育学校有在校生12 678 379名,有1 083 042名教职工,其中,专任教师有857 401名;高职(专科)院校有在校生12 805 181名,有744 478名教职工(其中专任教师有556 424名)。2021年,教育部印发的《职业教育专业目录(2021年)》显示,职业教育共设置有农林牧渔、资源环境、能源材料、土木建筑、水利水电、机械制造、生物化工、轻工纺织、食品药品、交通运输、电子信息、医药卫生、财经商贸、旅游餐饮、文化艺术、新闻传播、教育体育、公安司法、公共管理等19个专业大类、97个专业类、1 349个专业,其中中职专业358个、高职专科专业744个、高职本科专业247个。职业院校有藏书丰富的图书馆、设备工具齐全的专业教室和实训室、较为完善的教学场地及教学、文化体育设施,成建制的师资队伍,门类齐全的专业设置,特别是养生保健、文化艺术、信息技术、家政服务、社会工作、医疗护理、园艺花卉、传统工艺等相关专业,能较好地满足不同年龄层次、文化程度、收入水平、健康状况的老年人的个性教育需求。

四、地域优势

老年人是特殊的社会群体,老年人参与教育活动实际困难较多,如路途较远、出行不方便等。目前,虽然很多地方已建立社区老年学校,但由于缺乏专业师资队伍,教学质量参差不齐,对老年人缺乏吸引力,老年人参与教育活动的热情和参与度不高。职业院校点多面广,每个县(市)至少有一所职业院校,不少区县也办有高职学院,他们距离社区较近,能送教到社区,老年人也能在家门口上学,职业院校能为老年人参与教育活动提供便利。职业院校还能充分利用学校网络优势和远程教育优势,为本区域老年人推送丰富的网络数字资源。

第四章

重庆市职业院校服务老年教育的实践分析

DI SI ZHANG

CHONGQING SHI ZHIYE YUANXIAO FUWU LAONIAN JIAOYU DE SHIJIAN FENXI

第一节 重庆市职业院校服务老年教育的实践探索

一、重庆市教育科学研究院发挥科研引领和业务指导优势，建立健全“立体化”省域老年教育协同工作机制

重庆市教育科学研究院作为肩负教育理论研究、课程与教学研究等职责的省级教育科研机构，担负着促进全市教育事业发展的重任。近年来，重庆市教育科学研究院立足我国人口老龄化程度快速加深和老年教育资源严重不足及供给主体单一的现实需求，充分发挥教育科研优势和业务指导优势，统筹全市职业院校教育资源，并整合市内外社区学院(校)、老年大学、街道村社、养老机构等相关单位力量，建立健全“职老融通、开放共享”的省域职业院校服务老年教育的工作机制。

(一)建立老年教育多元主体协同机制

重庆市教育科学研究院在重庆市教育委员会指导下，实施“职业院校老年教育中心培育计划”，遴选专业特色明显、综合办学实力强的职业院校为老年教育试点学校，开展职业院校服务老年教育工作试点。2018 年，遴选了重庆市渝中职业教育中心、重庆市龙门浩职业中学校等 14 所职业院校作为老年教育试点学校，经过一年的探索和经验总结，决定扩大试点规模。2019 年 11 月，遴选了重庆市立信职业教育中心、重庆市医药学校、重庆市轻工业学校、重庆市科能高级技工学校等第二批 24 所老年教育试点学校。老年教育试点学校以组织保障和制度建设为抓手，成立了校领导牵头的领导小组，设立了专门办公室并配备专兼职人员负责沟通、协调和组织培训工作；另外，还建立了有关经费使用、课程设计、师资配备、学员管理的规章制度。2020 年，继续扩大规模，遴选了重庆市九龙坡职业教育中心、重庆市女子职业高级中学、重庆市武隆区职业教育中心、重庆市北碚职业教育中心、重庆市巴南职业教育中心等 30 所试点学校，巩固深化试点工作。2021 年，以老年教育研究类项目、老年教育学习体验

基地类项目、老年教育助力乡村振兴类项目、老年教育游学类项目4类50项老年教育项目为载体，主动对接并吸纳重庆城市管理职业学院、重庆建筑科技职业学院、重庆市渝中区山城老年大学、重庆市大足区老年大学等高职院校、社区学院、老年大学、街道社区、养老机构等42个相关主体，建立“重庆市教育科学研究院统筹、42所试点学校为主体、社会多元主体参与”的“1+42+N”三级老年教育主体协同机制，形成“纵向贯通、横向融通”的融合发展格局。

（二）建立老年教育工作协同机制

一是以项目为抓手，形成了省域老年教育理论研究协同机制。重庆市教育科学研究院把建设“具有职业教育特色的‘桑榆尚学’老年教育课程体系”作为融合自身的科研优势、职业院校的专业优势和满足老年教育发展的需要，并促进全市老年教育课程资源由“低质量开发”向“高质量建设”转变，推动以职业教育助力和谐老龄化社会建设为目标，以项目为抓手，统筹开展政策研究、理论研究、课题研究和实证研究。

在政策研究方面，研究团队研究《国家职业教育改革实施方案》《职业教育提质培优行动计划（2020—2023年）》《国家中长期教育改革和发展规划纲要（2010—2020年）》《老年教育发展规划（2016—2020年）》《中华人民共和国老年人权益保障法》《关于切实解决老年人运用智能技术困难的实施方案》《中华人民共和国国民经济和社会发展第十四个五年规划和2035年远景目标纲要》等相关政策文件，领会职业教育和老年教育改革发展要求，把握职业院校服务老年教育的目标、方向、路径等政策要求。

在理论研究方面，研究团队持续关注老年教育资源供给的短板，先后立项全国教育科学规划“十三五”规划国家教育部门重点课题“城乡统筹背景下老年教育资源供给的第三空间路径研究”和重庆市教育科学“十三五”“十四五”规划重点课题“积极老龄化背景下职业院校老年教育资源供给模式的实践研究”“重庆市老年教育城乡统筹发展研究”等系列课题，系统开展职业教育服务城乡老年教育发展的理论探索，明确职业教育赋能老年教育的时代价值、实践路径。

在课题研究方面，职业院校配备有专业特色明显的教师队伍，具备较强的课程开发能力，有专业多样的教学设施设备，有遍布全市各区县的完备办学体系。职业院校开展老年教育具有专业优势、师资优势、地域优势、组织优势。但现实中也存在诸多困境，存在“开展老年教育的意识普遍不强，没有把日益增多的老年人作为服务对象；参与老年教育的学校很少，职业院校和老年教育形成了教育‘鸿沟’；开发老年教育课程经验不足，老年教育活动缺乏课程资源支撑；老年教育活动单一，服务能力薄弱”等问题。课题组认为，在老龄化社会程度日渐加深的时代背景下，职业院校可以成为老年教育的新生力量，推动职业院校服务老年教育，符合职业教育服务经济社会发展的本质规律和老龄化时代发展需要，职业院校服务老年教育发展大有可为、大有作为，也是教育科学研究需要解决的时代命题。

在实证研究方面，研究团队基于全市 38 个区县 12 717 名老年人的问卷调查分析，掌握了重庆市不同区域、不同文化层次、不同收入水平等不同类型老年人对老年教育的共性需求和个性需求，找准了职业院校老年教育的着力点和目标。基于对全市城乡老年大学（学校）和社区学院（学校）的抽样实地访谈发现，老年教育需求激增但资源供给不足，“一座难求”的现象普遍存在；老年教育的供给主体基本上是老年大学，供给主体单一；全市老年大学分属不同层级的不同单位管理，无法形成一个有机的整体；老年教育课程开发各自为政，随意性强且普遍存在“重数量轻体系、重休闲轻赋能、重娱乐轻价值”等问题。实证研究找准了职业院校服务老年教育的堵点和着力点。

基于理论研究、政策研究和实证研究，研究团队通过 5 年的研究、探索、实践、验证，构建了“桑榆尚学”老年教育课程理论框架，总结出老年教育理念应从“健康老龄化”向“积极老龄化”转变；老年教育目标应从“健康生活能力”向“美好生活能力”培育转变；老年教育课程内容关注老人“美好生活能力”培育，推动老人自知力、生活力、数字力、创造力“四力”提升；老年教育课程表现形式从纸质读本向融合“纸质读本+数字媒体”转变，老年教育教学方式从现场教学向“线上+线下”混合式教学转变。这实现了课程理念、课程目标、课程内容及结构、课程表现形式等方面的转变，搭建起新型老年教育课程体系的“四梁八柱”。在这一过程中，形成了“重庆市教育科学研究院引领、职业院校参与、区县老年大学和社区学院配合”的省域老年教育理论研究协同机制。

二是以老年教育读本和数字课程资源开发为主要平台，形成了省域老年教育课程资源开发协同机制。重庆市教育科学研究院在重庆市教育委员会支持下，先后遴选 42 所市内高水平职业院校为老年教育试点单位，吸纳部分老年大学、社区学院力量，整合省级教研机构的资源开发优势和学校个体资源优势，形成“强强联合、优势互补”的课程开发团队，从课程理念和课程开发等方面，协同建设“桑榆尚学”老年教育课程体系。

在课程理念方面，重庆市教育科学研究院基于“莫道桑榆晚，为霞尚满天”的积极老龄观，融合终身教育理论、职业教育课程理论，提出“教育增值老年人美好生活能力和生命价值”的核心理念，克服传统老年教育课程“重娱乐轻价值”的认识误区。在课程目标方面，以“积极老龄化”视角下老年人“美好生活能力”培育为目标。美好生活能力是指老年人在所处场域中，恰当树立生活目标、正确采取生活行为、主动适应社会环境变迁、创造美好生活条件的能力，克服传统老年教育课程“重休闲轻赋能”的目标误区。在课程内容及结构方面，包含自知力、生活力、数字力、创造力四大类。自知力培育关注老年人能清楚认知新时代老人责任，弘扬中华优秀传统文化，引领社会风尚，服务国家和民族发展，以“责任觉知”大类课程形式呈现，细分为 13 门时事法治类课程、11 门社会工作类课程、10 门家政服务类课程；生活力培育关注老年人能独立自主地树立恰当、健康而有意义的生活目标，保持个体身心健康，以“保健养生”类课程形式呈现，细分为 15 门养生保健类课程、12 门医疗护理类课程；数字力培育关注老年人能主动与外部资源对接，了解新事物、体验新科技，积极融入智慧社会，以“信息素养”类课程形式呈现，细分 15 门为智慧生活类课程、17 门智能手机类课程；创造力培育关注老年人能参与劳动、融入社会，挖掘潜能并积极适应和服务社会，以“活力生活”类课程形式呈现，细分为 10 门文化艺术类课程、16 门传统工艺类课程、17 门园艺花卉类课程。课程形成了完整的体系，弥补了传统老年教育课程“重数量轻体系”的不足。在课程表现形式方面，分为纸质读本和数字资源两种形式。纸质读本以文字、图片为主，数字资源以微型视频为主，能融合纸质读本、手机、电脑等载体优势和文字、图片、声音、短视频等媒介优势，增强了课程的表现力和时代感。在课程评价方面，主要以老年学习者的体验感受和老年大学、社区学院的应用反馈为主要标准，兼具了课程评价的全面性和专业性。

在课程开发方面，重庆市教育科学研究院于 2019—2021 年以项目为载体，遴选或委托专业优势和师资优势明显的职业院校编撰老年教育纸质读本。重庆市教育科学研究院于 2019 年、2020 年分别组织了重庆市第一届老年教育微课大赛和第二届老年教育微课大赛，以老年教育微型课程比赛的形式，向全市职业院校、老年大学、社区学院征集时政学习类、艺术表演类、语言文化类、旅游景观类、美容服饰类、智慧生活类、运动健身类、手工制作类、园林花艺类、糕点制作类、果蔬雕刻类、茶艺茶道类、非遗技艺类、医学护理类、生命尊严类、家政服务类、提升修养类、游学康养类18个类别优秀老年教育数字课程资源；借助高水平专业出版社的力量，推进老年教育课程资源的推广运用。省级教研机构、职业院校和专业出版社协同，确保了“桑榆尚学”老年美好生活教育课程体系的质量。经过5年努力，初步建成由10类150门核心课程的数字课程资源以及8类20门核心课程的纸质课程资源组成，归属责任觉知、保健养生、信息素养、活力生活4个大类的“桑榆尚学”老年美好生活教育课程体系。其中，责任觉知类课程包括时事法治类13门数字课程、社会工作类11门数字课程和4门纸质课程、家政服务类10门数字课程和2门纸质课程；保健养生类课程包括养生保健类15门数字课程和4门纸质课程、医疗护理类12门数字课程和3门纸质课程；信息素养类课程包括智慧生活类15门数字课程和1门纸质课程、智能手机类17门数字课程；活力生活类课程包括文化艺术类10门数字课程和4门纸质课程、传统工艺类16门数字课程和1门纸质课程、园艺花卉类16门数字课程和2门纸质课程。“桑榆尚学”课程体系集成文字、图片、声音、短视频等媒介优势和纸质读本、手机、电脑等载体优势，并以体系化、层次化、模块化的内容结构，彰显职业教育特色并满足老年人多样化学习需求。

“桑榆尚学”老年教育课程体系解决了老年教育课程体系“怎么建”的科学化发展问题，凸显了教育科研机构的科研优势、职业院校的专业优势、老年教育的发展需求，为职业教育赋能老年教育奠定了坚实基础。在这一过程中，逐步建立起“政府部门主导、教育科研机构统筹、以职业院校为主体、其他老年教育机构参与”的老年教育课程建设共同体，克服了“各自为政”的局限。

三是以老年教育纸质和数字资源免费配送共享为主要形式，形成了省域老年教育课程资源推广协同机制。重庆市教育科学研究院免费向社会各界推广“桑榆尚学”老年教育课程纸质和数字资源，将课程送进各地老年学员的课堂。

在纸质资源推广方面，重庆市教育科学研究院依托42所老年教育试点职业院校，主动对接重庆市老年大学协会、重庆市社区教育指导服务中心，与重庆市各区县社区学院（校）、老年大学（学校）、街道村社、农村书屋、养老机构等相关单位合作，向全市所有区县城乡老年教育机构赠送“桑榆尚学”老年教育纸质读本64万余册，实现了全市所有区县赠书全覆盖，并发送到农村、边远和民族地区。老年教育纸质读本还在老年大学论坛上由中国老年大学协会推送给30个省份的100所老年大学。

在纸质和数字资源推广方面，通过“桑榆尚学”老年学习微信公众号、重庆云课堂、重庆日报数字平台、老年教育试点职业院校网站等资源共享网络平台，向全社会免费共享“桑榆尚学”老年教育优质数字资源，打破传统老年教育模式，满足老年人“随时”“随地”的学习需求。

开放共享“桑榆尚学”老年教育课程体系解决了老年教育课程体系“怎么用”的实践问题，创新了老年教育资源供给主体和方式，为职业教育赋能老年教育找到切实可用的实施路径。在这一过程中，呼应国家“党委领导、政府主导、社会参与、全民行动”的老龄工作方针，形成“重庆市教育科学研究院主导、职业院校老年教育试点学校和区县社区学院参与”省域老年教育课程资源开放共享协同机制，将优质老年教育课程资源延伸到职业院校校园、区县社区学院和老年大学、养老机构等，丰富全市老年教育课程资源，并与老年教育形成良性互动。

（三）构建“融合化”老年教育资源供给共同体

1.供给老年教育科研资源

基于对职业院校服务老年教育的前瞻性认识，重庆市教育科学研究院加大老年教育的研究力度，依托较雄厚的教育研究实力和专业优势，于2017年建立“老年教育研究中心”，先后遴选和聘请了9位专兼职老年教育研究人员，组成一支专业素质高的研究队伍，持续研究职业院校开展老年教育的价值意蕴和实践途径等系列研究。老年教育研究中心在调研、厘清重庆市老年人学习需求的基础上，研究设计了适合重庆老年人学习习惯和发挥职业院校专业优势的老年教育资源融合供给方案，整体规划设计资源课程、网点布局、工作规划和实施方案，总结出老年教育理念应从“健康老龄化”向“积极老龄化”转变；老年教育目标应从“健康生活能力”向“美好生活能力”培育转变；老年教育课程体系应聚焦老人“桑榆尚学”需求，关注老人“美好生活能力”培育，推动老人自知力、生活力、数字力、创造力“四力”提升。试点学校在老年教育研究中心的统筹下，将理论研究成果应用于老年教育实践，开发老年教育课程，组织老年教育系列活动。老年教育理论研究成果和老年教育实践探索互动共进，激发双方发展活力，提高试点学校与老年教育融合发展的速度与质量。

2.供给老年教育课程资源

重庆市教育科学研究院依托试点学校专业教师，开发集合文字、图片、声音、短视频等媒介优势和纸质读本、手机、电脑等载体优势的老年教育课程资源。近4年，出版了《老年信息技术应用读本》《老年日常生活料理》《老年饮食营养类读本》《老年生活保健读本》等20本老年教育纸质读本和《老年艺术篇》《老年生活篇》《老年保健篇》等5套600余个微课的老年教育微型数字课程，基本建成融纸质读本与数字资源于一体并能满足全市老年人多样化学习需求的体系化、层次化、模块化的老年教育课程资源体系，率先改革试点并贡献中等职业学校建设老年教育课程资源的“重庆智慧”，形成了以“莫道桑榆晚，为霞尚满天”积极老龄观为理念，以老年人“美好生活能力”培育为目标，涵括自知力、生活力、数字力、创造力“四力”维度，包含责任觉知、保健养生、信息素养、活力生活4个大类、10个小类、150门核心课程的“桑榆尚学”老年教育课程体系。

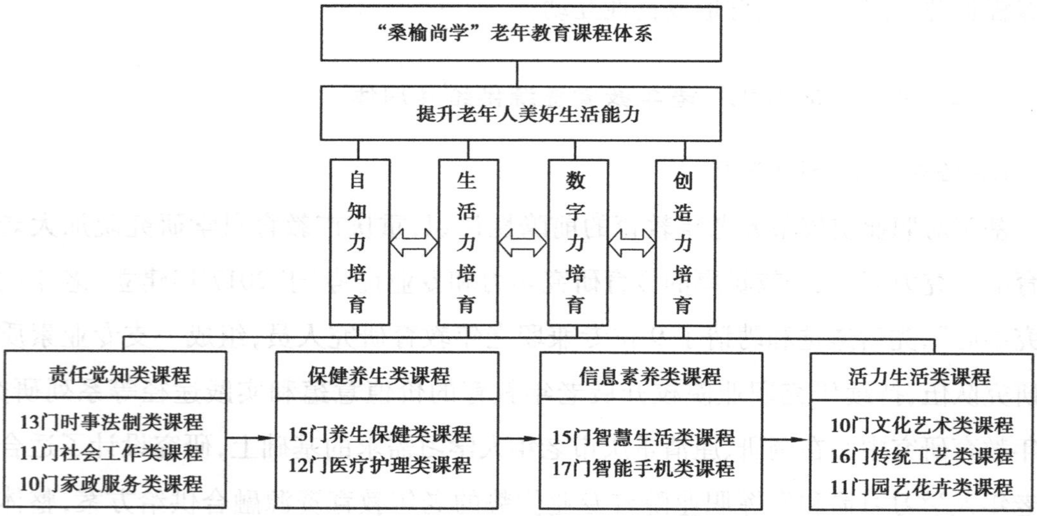

“桑榆尚学”老年教育课程体系

3.供给老年教育条件保障

在重庆市教育科学研究院统筹支持下，各试点学校以专题培训、主题教育等形式，为重庆市老年教育提供人员、社会支持、经费等方面的保障。

在人员保障方面，一是按照师生比1∶30左右，配置好专业教师；二是在校内相关专业适量招募学生志愿者，提供教学辅助支持。多数试点职业院校招募相关专业的学生志愿者，参加老年培训服务，保证了老年教育活动的顺利实施。

在社会支持和环境保障方面，争取所在乡镇（街道）和公安部门联合开展校园周边环境治理，相关社区帮助开展招生宣传，本地媒体给予专题报道，进而营造安全稳定的外部环境。

在经费保障方面，一是重庆市教育科学研究院在重庆市教育委员会的支持下，每年向每一所试点学校配置专项经费 4 万元，部分试点学校还按 1：1比例配套工作经费；二是调剂使用校内设施设备，减少经费支出；三是视学校自身实际情况，给予配套经费。4 年来，重庆市教育科学研究院和试点学校共投入老年教育经费 1 000 余万元。

据不完全统计，已有 630 余位职业院校教师参加老年教育课程资源开发，870 余位试点学校教师直接参与老年教育活动，420 余位试点学校教师和 1 430 余位试点学校学生参加老年教育志愿服务活动；试点学校共有 430 余间茶艺室、烘焙室等专业教室投入老年教育活动。职业院校成为重庆市老年教育条件保障的新主体。

二、试点职业院校发挥资源优势、规模优势和地域优势，持续开展“适老化”老年教育活动

试点职业院校在重庆市教育科学研究院统筹指导下，充分利用丰富的校舍场地、成熟专业的师资队伍、门类齐全的专业课程、较为完善的实训设备和健全的培训项目运行机制，积极有序地开展丰富多彩的老年教育活动。

（一）试点职业院校老年教育活动的主要方式

1.请老年人入校

试点学校充分利用自身的设施设备、实训场地，发挥专业教师的特长，利用专业教室空闲的时间，以“请老年人入校”主题课程班的形式，让老年人重回校园，重温“学生梦”。近 4 年，重庆市北碚职业教育中心开办了 7 期面点制作班、6 期现代信息技术应用班、5 期插花艺术班，重庆市旅游学校开办了 6 期茶艺基础班、5 期老年养生班、4 期声乐基础班，重庆市黔江区民族职业教育中心开办了 6 期传统工艺班、8 期信息技术班、4 期文化艺术班、6 期园艺花卉班，重庆市大足职业教育中心开办了 4 期书法班、6 期合唱班、5 期器乐班、7 期养生操班……据不完全统计，近 4 年共有 31 600 余位老年人进入试点学校参加各种文化技能培训。这不仅让更多的老年人丰富了精神文化生活，感受到政府和学校对老年人的关心，而且让他们亲身感受到职业院校教师的

专业素质和专业态度、职业院校的发展和国家对职业教育的重视，提高了试点学校和职业教育的社会声誉。

2.送教到老年人身边

试点学校主动与街道村社、养老机构、社区学院、老年大学等相关主体协调，充分发挥学校专业优势和师资优势，以“送教到街道村社、养老机构”的形式，到老年人身边开办他们需要的培训班，让老年人走进“身边的课堂”。近4年，重庆市渝中职业教育中心与大坪街道肖家湾社区、两路口街道桂新村社区、化龙桥街道红岩村社区、菜园坝街道平安街社区等12个社区签订了合作共建协议，根据社区老年居民的生活、心理、思想需求，安排相关专业教师到社区，开展了老年人智能手机使用、心理健康、古埙、茶艺、花艺等系列课程166次。重庆市立信职业教育中心深入重庆市第三福利院、沙坪坝区寿星阁养老院、歌乐山街道歌乐山矿社区、歌乐山高店子社区等，开展老年人常见病预防、心理健康、自我保健等培训16次；重庆市荣昌区职业教育中心与村社、农民专业合作社协作，将水果种植、生猪养殖等技术培训送到田间地头和老年农户家里，开办农村老年人种植养殖技术培训15次……据不完全统计，近4年共有23 700余位老年人品尝到了“送教上门”的“甜蜜”。这不仅让更多的老年人“老有所学、老有所乐、老有所为”，感受到老年人的生命价值，而且让社会各界看到职业院校服务老年人、服务社会经济发展的责任担当和专业能力，提高了职业院校和职业教育的社会美誉度。

3.建立老年人网络学习共同体

试点学校每次线下培训都配备至少1名专业教师作主讲教师和2~3名本专业学生志愿者作助教，每次线下培训后都尽可能地建立QQ群、微信群，专业教师和学生志愿者通过QQ群、微信群进行后继跟踪服务指导。试点学校还定期发布老年人网络学习课程和报名时间、方式，借助QQ群、微信群，建立由“1名专业教师+2~3名学生志愿者+N名学习老年人”组成的网络学习共同体，专业教师主讲，学生志愿者助教，老年人互学，开展远程老年教育学习活动，满足居家老年人的“随时”学习需求。据不完全统计，近4年共有64 700余位老年人享受到了“线上学习”的“红利”。这不仅让更多的老年人“触电上网”，融入信息社会的日常生活，跟上数字时代的步伐，而且让学生志愿者更加了解老年人生活和思想，增强了孝老敬老意识和用自己掌握的专业技能服务老年人的社会责任感。

4.组织老年人游学

2018年7月，重庆市教育科学研究院联合渝中区社区教育学院、渝中区山城老年大学、石柱县职教中心等，组织数十名城市老年人到重庆市石柱土家族自治县中益乡官田场镇，通过共话家常、健康养生专题讲座、慰问困难群众、农耕体验、文艺表演等形式，开展城乡老年人"手拉手·夕阳红"精神文化扶贫系列活动，以"文化下乡"的方式把老年游学与精准扶贫结合起来，实现城乡老年人的情感融合，更丰富了乡村老年人的精神文化生活，为他们的老年生活增添了一抹亮彩。

（二）试点职业院校老年教育活动的主要模式

1.参与式

这是基于社会责任的浅层次参与老年教育服务模式。职业学校通过专题讲座、资源配送、专业培训、科研引领等方式，灵活参与其他单位或机构主导的老年教育活动。例如，武隆区职业教育中心选派教师，配合所在的敬老院开展敬老爱老主题文化活动，为敬老院设计活动方案，举办端午节传统文化讲座。这种老年教育实践模式实施难度最小、经费投入最少、教职工最易接受。

2.合作式

这是基于资源优势互补的整合创新模式。职业学校与社区教育学院等其他单位或者机构，依据各取所需原则，开展老年教育合作。职业学校利用场地、设备、师资等优势，为合作方提供老年教育专业服务。合作方利用面向基层优势，参与老年教育和职业教育宣传，组织老年学员招生，为职业学校营造和谐、稳定的外部办学环境。例如，大足区职教中心与区中医院、社区养老机构合作，开展养教合作试点，由社区（养老机构）负责场地，组织学员，职业学校负责师资及实施教学。

3.融合式

这是基于职业教育自身变革要求，形成老年教育与职业教育深度融合的内涵发展模式。职业学校按照终身职业教育体系要求，将老年教育纳入学校事业发展的组成部分，独立设置老年教育培训班，统筹内部组织管理、资源配置和工作安排。例如，重庆市渝中职业教育中心将老年教育培训项目，纳入学校的国家级中职教学改革示范校建设特色项目和高水平现代职业院校创建特色项目，在日常教育教学管理、资源配置等方面，与其他专业系（部）统筹安排，形成职业教育与老年教育无缝结合的运行机制。

经过4年努力,我们构建了"以重庆市教育科学研究院为主导、职业院校为主体"的市校两级职业院校老年教育办学网络,创新重庆市老年教育发展的新模式、新载体,职业院校成为重庆市老年教育的新生力量。

第二节 重庆市职业院校服务老年教育的主要成效

重庆市职业院校服务老年教育融重庆市教育科学研究院、职业院校、老年教育机构各自优势和发展需求为一体,三方相互搭台、相互赋能、良性互动,为老年教育、职业院校和重庆市教育科学研究院发展提供了永不枯竭的内生动力。

一、推进了重庆市老年教育发展

据不完全统计,4年来,重庆市教育科学研究院和试点院校在市教育行政部门的支持下,共投入老年教育经费1 000余万元;630余位职业院校教师参加老年教育课程资源开发,870余位试点学校教师直接参与老年教育活动,试点学校的420余位教师和1 430余名学生参加老年教育志愿服务活动;试点学校共有430余间茶艺室、烘焙室等专业教室投入老年教育活动。重庆市教育科学研究院向全市40个区县社区学院和老年大学免费配送自己编写出版的57万余册老年教育读本。这些读本基本上成为各区县社区学院和老年大学开展老年教育活动的教材,填补了重庆老年教育教材的空白。在向全市免费配送纸质读本的基础上,重庆市教育科学研究院以"桑榆尚学"公众号、重庆云课堂为依托,向全社会发布职业院校开发的优秀老年教育微型数字课程,供老年教育机构和老年人免费使用,满足老年人"随时""随地"的学习需求。

相关职业院校结合自身优势和老年人教育需要,面向老年群体开放校园场馆和课程资源,对老年人送教上门到社区,开展系列老年教育活动。开州区职业教育中心通过校企携手开设《老年安全护理基本知识》《老年常见疾病预防》等课程,校社携手开展助医、助餐、助行、助浴等培训与服务,成为高素质养老护理人才的"孵化器"。重庆电子工程职业学院、沙坪坝社区学院和沙坪坝区联芳街道办事处三方联动，成立重庆邻安老年科技大学，构建具有开放共享、便民惠民的老年科技大学。重庆女子职业高级中学凭借职业教育资源优势，以提高老年人的生命和生活质量为目的，整合社会资源、激发社会活力，线上线下结合，勤修内功创建培训资源，认真踏实地打造老年教育品牌。四川仪表工业学校依托区域养老产业，与四联优侍等企业携手合作，将老年教育列入学校年度工作要点，成立了组织领导机构，制定了工作方案，明确发展目标，落实工作经费，不断健全各项工作制度，完善培训设施设备，大力推进老年教育……32个区县42所职业院校老年教育试点学校有针对性地开发课程，涌现出重庆三峡职业学院《三峡文化赏析》、重庆工商职业学院《一部手机带你去旅行》、重庆城市职业学院《节气养生十道菜》、重庆市北碚职业教育中心《中西面点制作》等一系列优质精品课程。职业院校教师老年教育教学深入浅出、贴近需求，让老年生活有"知"有味。

教育科研机构和职业院校的参与，增加了城乡老年教育校点，优化了老年教育布局，扩大了老年教育场所，补充了老年教育师资，丰富了老年教育课程资源，不仅获得了老年学员的高度认可，而且还提高了区域内老年人的社会适应能力和生活幸福感。教育科研机构和职业院校成为重庆市老年教育资源供给的新生力量，有力推动了重庆市老年教育发展。

二、推进了职业院校内涵发展

职业院校通过参加老年教育课程资源开发和老年教育主题活动，学校教师课程开发和运用能力增强，课程观、教学观明显转变，形成了具有较高水平的老年教育教师创新团队；参与老年教育服务活动的学生既提升了专业技能，也明显增强了他们的"敬老孝老"意识和服务社会的责任感，创新了职业院校立德树人工作途径。学校丰富了办学内涵，重庆市渝中职业教育中心、重庆市北碚职业教育中心、四川仪表工业学校、重庆市女子职业高级中学、重庆市立信职业教育中心、重庆市龙门浩职业中学校、重庆市轻工业学校、重庆市开州职业教育中心8所学校被评为"重庆市老年教育特色职业院校"。职业院校老年服务与管理专业实现新的发展，有3所中等职业学校将老年教育纳入高水平学校建设特色项目，参与老年教育试点的中等职业学校有10个老年教育相关专业进入市级以上骨干专业。试点学校老年教育项目获重庆市职业教育教学成果奖一项，获国家、市级老年教育教学大赛奖项230余项。

试点学校将日益增多的老年人纳入社会服务范围，加强试点学校与社区、与老人的联系，充分彰显职业院校的社会培训法定职责，推进了学习型城市和学习型社会建设;试点学校通过老年教育主题活动,进一步加强了学校与街道、社区(村社)联系,丰富了老年人的精神文化生活,提高了他们的社会适应能力和生活幸福感;试点学校送家政技能培训和种植养殖技术到农村、边远、贫困、民族地区,开发了农村老年人人力资源,推进了乡村振兴,落实了党中央、国务院"乡村振兴战略""脱贫攻坚战略""实施积极应对人口老龄化国家战略"和全国职业教育大会精神。这些都提高了职业院校的社会知名度和美誉度,适应了社会经济发展、日渐加深的老龄化社会和学习型社会建设对职业教育高质量发展的要求,增强了职业教育对经济社会发展的适应性、支撑力和贡献度。职业院校成为重庆市老年教育资源供给的新主体和新生力量,有效助力"服务全民终身学习能力建设工程",在深度赋能老年教育的同时,完成自身扩面与提质"双提升"。

三、重庆市教育科学研究院引领全国老年教育科研、职业教育和老年教育改革发展的新方向

重庆市教育科学研究院根据老年人的生理、心理特征和更高层次的精神需求,聚焦让老年教育"适老"的同时学出"年轻态",开展理论研究和应用研究。在理论研究方面,既立足于"大格局"完成《新时代老年大学的发展方向》《新时代人口老龄化对老年教育的影响及应对》等前瞻研究,又展现"宽视野"出版《老年教育资源供给的第三空间路径研究》《省域老年教育比较研究——基于京、津、沪、渝、苏、浙的个案分析》《重庆市老年教育理论与实践研究》等多部专著,呈现横向多元、纵深发展的特点。在应用研究方面,梳理老年教育课程建设问题,总结出老年教育理念应从"健康老龄化"向"积极老龄化"转变;老年教育目标应从"健康生活能力"向"美好生活能力"培育转变;老年教育课程体系应聚焦老人"桑榆尚学"需求,关注老人"美好生活能力"培育,推动老人自知力、生活力、数字力、创造力"四力"提升,并持续以"桑榆尚学"老年教育课程体系建设为抓手,为其他省市推进老年教育供给侧结构性改革提供了可复制可推广的经验。重庆市职业院校开展老年教育课程建设的经验,于2020年在中国老年大学协会举办的全国"新时代老年大学研讨会"上分享交流。教育部职业教育技术中心研究所负责人到重庆专题调研并给予肯定。纸质读本成了重庆市职业院校、老年大学(学校)、社区学院(校)开展老年教育活动的主要教材,填补了重庆老年教育教材的空白。参加学习的老年人反馈:"这套读本学起来很轻松,想学的内容基本上都有。"重庆市老年大学协会在感谢信中写道:"贵院赠送的这批书,符合老年人的实际需求,通俗易懂,可读性、操作性强,深受老年人的欢迎。"全国30个省市的100余所

老年大学也充分肯定了纸质读本的适用性和科学性。“桑榆尚学”数字资源不仅提供了重庆市的老年人居家线上学习使用，还得到四川老年大学、宁夏老年大学、大连社区学院、甘肃社区学院等单位的充分肯定。“桑榆尚学”老年学习微信公众号还被推送到甘肃、宁夏、西藏等10个省市进行应用，让市内外超过80万位老年人直接受益。其成果被中央电视台报道1次，《中国教育报》专版宣传1次、《重庆日报》专版宣传2次、专题推广10次，新华网、华龙网、中国养老网等主流媒体宣传报道40余次，形成具有重庆地域特色、职业教育风格的“桑榆尚学”老年教育品牌，开创了以教育科研引领职业院校服务老年教育发展的新样本。

重庆市教育科学研究院充分发挥自身作为省级教育科研机构的专业优势，定目标、明职责、定经费、配人员，统筹相关教育资源，持之以恒、扎实有序地开展老年教育工作，创新老年教育发展路径，用责任担当、自主创新凝练“桑榆尚学”老年美好生活教育课程资源建设模式，在全国职业教育领域开启了职业教育服务老年教育发展的省域实践，为省域推进老年教育供给侧结构性改革和提高职业教育的社会服务力提供了可复制可推广的经验，形成具有重庆职业教育特色的“桑榆尚学”老年教育品牌。它融教育科研机构、职业院校、老年教育机构各自优势和发展需求为一体，三方相互搭台、相互赋能、良性互动，为推进教育科研、职业教育、老年教育协同发展提供了永不枯竭的内生动力。

第三节　重庆市职业院校服务老年教育存在的主要问题

一、职业院校服务老年教育的意识不强

不少职业院校没有根本转变教育观念，仍按照传统办学思路，重视面向在校学生的学历教育和面向在职劳动者的技能培训。不少职业学校领导和教职工认为“参与老年教育是职业学校的‘分外之事’”，没有把日益增多的老年人作为服务对象；部分职业学校将老年教育试点项目作为“临时任务”，对老年教育缺乏整体的制度设计和长期的工作谋划；多数职业院校领导对积极应对人口老龄化战略缺乏深入了解，对老

年教育与职业教育融合发展的必要性认识不到位，对通过老年教育丰富职业教育办学内涵和提升职业教育社会服务功能的认识不深，将老年教育与职业教育相割裂，对职业院校服务老年教育的功能定位较为模糊。相当部分职业院校参与老年教育的内生动力不强，职业教育和老年教育形成了事实上的“鸿沟”。

二、职业院校服务老年教育的规范性不强

部分职业院校老年教育课程资源开发没有标准和规范，老年教育课程设置随意性较强；教学内容因主讲教师而定，教学方式、教学时间、教学容量、教学方式和教学方案设计自由度较大；老年教育教师遴选基本上没有标准，一般是“谁空闲找谁”。职业院校开展老年教育的系统性、规范性、专业性缺失，职业院校服务老年教育的社会功能不够明显。

三、支持职业院校服务老年教育的配套措施缺位

尽管中共中央、国务院、教育部、重庆市人民政府印发了《关于加强新时代老龄工作的意见》《中国教育现代化 2035》《老年教育发展规划（2016—2020 年）》《职业教育提质培优行动计划（2020—2023 年）》《关于老年教育发展的实施意见》等文件，鼓励、支持职业院校开展老年教育活动，但基本上均是“倡导式”的规定，缺乏操作细则和保障机制，没有“硬性”要求，市级和区县相关部门在人力、经费、设施设备等方面，没有具体的落实措施，导致职业院校服务老年教育的政策支持的实效性差。

第五章

深化重庆市职业院校服务老年教育的工作建议

DI WU ZHANG

SHENHUA CHONGQING SHI ZHIYE YUANXIAO
FUWU LAONIAN JIAOYU DE GONGZUO JIANYI

第一节　强化政策落地

虽然《国务院办公厅关于印发老年教育发展规划（2016—2020年）的通知》《重庆市人民政府办公厅关于老年教育发展的实施意见》《职业教育提质培优行动计划（2020—2023年）》《中国教育现代化2035》《关于加强新时代老龄工作的意见》等文件都明确鼓励支持职业院校开展老年教育活动，但基本上只做了原则性和方向性的规定，并没有硬性要求。省市区县相关部门也就没有落地的具体措施，在经费支持、条件保障、交流展示平台等方面均没有政策支持，职业院校也没有相应的任务要求。因此，可将职业院校开展老年教育活动作为职业院校服务社会经济发展的重要组成部分，纳入学校双高双优建设评估、特色（骨干）专业建设评估的重要内容，以项目建设的方式，在经费、教师绩效等方面给予支持，将党中央、国务院和重庆市委的相关决策部署落地落实。

第二节　加强相关业务指导支持

因老年教育的多样化、区域差异、统筹部门缺失等多种因素制约，老年教育的课程设置、教学内容、教学方式等没有相对统一的规范，特别是对老年教育至关重要的课程资源和教师素养均没有普遍接受的专业标准，老年教育的规范性、专业性差。这也导致职业院校服务老年教育随意性大。因此，教育部门应按照中共中央、国务院印发的《关于加强新时代老龄工作的意见》的要求，组织教育科研机构、老年教育机构协同研究，在广泛调研并吸纳基础教育、职业教育和老年教育课程开发经验的基础上，研制老年教育课程资源（含纸质资源和数字资源）基本规范和老年教育教师专业标准,用以指导职业院校开发老年教育课程资源和促进教师专业成长。同时,职业院校要在理解老年教育课程资源(含纸质资源和数字资源)基本规范和老年教育教师专业标准的基础上,将老年教育课程建设与本校特色专业、优势专业相结合,探索构建体现本校特色的课程体系;要既能让老年人满意,又能让学校的专业建设得到推进,二者相互促进,突出老年教育课程的“职业味”和职业教育特色。

职业院校开展老年教育活动需要社会相关方面的支持,所在乡镇(街道)和公安部门要联合开展校园周边环境治理,相关社区可帮助开展招生宣传,本地媒体要给予专题报道,进而营造安全稳定的外部环境。同时,加强人口老龄化国情和国家发展老年教育事业的方针政策宣传,营造全社会关心、支持、参与老年教育的良好氛围。

第三节　职业院校转型发展

一、转变办学理念

职业院校领导和教职工要立足我国已经进入中度老龄化社会且老龄化程度正在迅速加深的现实,聚焦现代职业教育高质量发展这一中心,以提高职业教育的社会服务能力为关键,以落实党中央国务院积极应对人口老龄化国家战略和构建服务全民终身学习体系的重大部署为重点,全面思考梳理学校的办学思路和办学理念,在抓好学历教育的同时,扩大学校的社会服务面,把日益增多的老年人作为服务对象,系列设计和整体谋划老年教育工作,自觉将承担老年教育作为职业院校应尽的社会责任,将老年教育融入学校双高双优建设、提质培优、三教改革、课堂革命、课程思政等教育教学改革,并作为新时代职业院校内涵发展的增长点,推进职业教育与老年教育融合发展,助力学习型社区、学习型城市建设和全民终身学习体系建设,丰富职业院校办学内涵,提升职业教育社会服务功能,促进现代职业教育高质量发展,推动现代职业教育体系建设。

二、有序推进老年教育活动

职业院校应根据自身的办学优势、发展定位、专业人才培养目标和本区域老年教育发展需要,全面谋划学校教育教学改革,按照“突出优势、凸显特色、融合发展”的思路,统筹学历教育和社会培训,努力建成区域内老年教育的“四个中心”:一是区域老年教育示范中心。积极发挥学历教育积累的组织管理优势,探索优化老年教育的教育教学管理模式,为城乡基层老年教育学校及其他老年教育机构提供样板示范。二是区域老年教育师资培训中心。利用规范的场地、完备的设施和专业师资力量,对老年教育机构人员进行定制化培训,对准备从事老年教育岗位的人员进行适应性培训,对老年教育志愿者进行规范化培训,为乡镇(街道)、村社(社区)的基层老年教育管理者、教师及志愿者提供专业化培训,为其他养老服务机构员工开展岗位职业培训。三是区域老年教育科研中心。利用校内科研系统,设立老年教育课程资源开发和教学研究项目,为区域内各级各类老年教育机构提供专业服务;开展区域老年教育政策研究,为政府部门提供决策咨询。四是区域老年服务人才培养中心。可以瞄准老年教育机构师资和管理人员的需求方向,在老年服务与管理、社会工作、健康与养生、传统文化、大众艺术等专业培养一线的各类普通养老服务实用人才。

三、进一步推进低龄老年人人力资源开发

我国今后一个时期仍然是以低龄化为主的人口老龄化,其中60~69岁低龄老年人占老年人口总数的比例在50%以上,规模巨大且数量还在不断扩大。相当部分低龄老年人具有阅历、知识、经验、技能等多方面的优势,身体健康状况较好,就业、再就业愿望较强烈,渴望接受职业指导和职业技能提升培训,希望通过职业教育更好发挥余热,实现新阶段人生价值,并在就业、再就业过程中以身心发展为自我赋能。老年人不只是被动接受服务照顾的客体,也是积极主动参与社会发展的主体。我们不能只考虑老年人之“用”,而要更多考虑如何“用”老年人(特别是低龄老年人)。通过开发老年人力资源,增加创新创造、就业创业、社会参与、社会管理和社会服务等内容,更好地发挥数以亿计低龄老年人的积极性、主动性和创造性,将老年人口负担转化为“第二次人口红利”。老年教育作为积极老龄化的重要手段,其社会属性决定了其对开发老年人力资源、服务经济社会发展,具有不可忽视的生产性和发展性。因此,在

我国劳动年龄人口数量大大减少的时代背景下，我们应将它们结合，积极推动老年职业教育高质量发展，为低龄老年人发挥余热创造有利条件。但当前老年职业教育几乎是空白的，无论是老年大学，还是市场上的老年教育机构，其授课内容主要以养生之道、陶冶情操等娱乐保健项目为主，对老年人的专业教育和技能培训关注较少，几乎没有以老人就业为导向的教育途径。

职业教育涵盖了全社会职业分类，职业院校有丰富的职业教育和社会培训的办学经验、有与社会经济发展联系紧密的专业系部、有专业知识和技能较强的专业教师队伍、有先进的教学设施设备，具备普通教育、老年教育、社区教育等不可比拟的开发老年人（特别是低龄老年人）人力资源的天然优势。职业院校可顺势而为，发挥自身优势，定期对区域范围内的低龄老年人口数量、文化层次、职业需求等进行调研，加强适老职业教育课程研发，丰富适老职业教育课程设置，在农产品初加工、休闲旅游业、老年服务、公共管理等适合低龄老年人再就业的相关专业，探索适合低龄老年人的专业技能培训，探索适合低龄老年人职业教育和灵活就业的新模式，积极推动职业教育提质、老年教育扩容与适老产业创新发展紧密衔接，促进老龄学员教育与就业、再就业的有效结合，推动劳动力市场与适合老年人就业的产业需求无缝对接，服务本地经济社会发展。

第六章

重庆市老年教育成果汇报

DI LIU ZHANG

CHONGQING SHI LAONIAN JIAOYU CHENGGUO HUIBAO

重庆市教育科学研究院
组织老年教育试点学校中期检查活动

2018 年 6 月 21 日下午，重庆市中职学校老年教育试点情况中期检查与老年教育课题研讨活动在重庆市北碚职业教育中心举行。重庆市教育科学研究院院长助理姜伯成、职成教所负责人、试点区县教委、社区学校及 14 所老年教育试点学校代表共 30 余人参加会议。

会上，各试点学校汇报了老年教育点方案设计及工作进展情况。姜伯成助理充分肯定了各试点校在老年教育培训实践中的成果，并结合全国教育科学规划 2017 年度教育部重点课题“统筹城乡背景下老年教育资源供给的第三空间路径研究”，针对老年教育试点提出希望：一是在项目选择上要开展适合老年人的项目；二是要依托各种资源和平台，拓宽路径，与老年人的需求对接，用老年人喜欢的方式进行培训；三是要做好宣传，总结提炼，推广培训成果。职成教所副所长谭绍华对重庆市教委重大委托课题“老年教育城乡互动融合发展研究”的研究方案作详细说明。与会人员还观摩了重庆市北碚职业教育中心的插花艺术与家庭立体美化、中式面点与营养餐制作、现代信息技术智能手机应用 3 个培训班授课现场。

重庆市教育科学研究院
组织老年教育中心培育工作研讨活动

2018 年 11 月 24 日，全市中职学校老年教育中心培育及老年教育课题研究工作研讨活动在渝中区职业教育中心举行。重庆市教育科学研究院院长助理姜伯成以及 26 所职业学校负责人参加活动。

渝中区教委副主任杨勇简要介绍渝中区老年教育发展概况，石柱县教师进修校校长谢芝玥、重庆市北碚职业教育中心校长罗统碧、开州区职业教育中心培训处副主任廖瑞兰、重庆市渝中职业教育中心校长杨琼霞分别就学校开展老年教育工作情况作交流发言。

重庆市教育科学研究院院长助理姜伯成总结 2017 年度老年教育试点工作，安排部署 2018 年职业学校老年教育中心培育、老年教育研究基地学校建设、职业教育服务乡村振兴试点工作，并对《统筹城乡背景下老年教育资源供给的第三空间路径研究》和《城乡老年教育融合发展的社会支持系统研究》课题下一阶段的研究提出具体要求。

重庆市教委职成教处副处长周萍宣读《关于确定老年教育中心培育学校、老年教育研究基地学校和职业教育服务乡村振兴试点学校的通知》，确定老年教育中心培育学校 20 所、老年教育研究基地学校 4 所、职业教育服务乡村振兴试点学校 2 所。重庆市教委职成教处处长胡斌作总结发言，他强调，要从国家和重庆市政府积极发展老年教育事业的要求出发，认真贯彻《老年教育发展的实施意见》，提高站位，勇于担当，切实履责，从满足老年人的学习需求入手，积极向其他省市学习，统筹校内资源，整合校外资源，开展多种形式和内容的老年教育活动，进一步提升中职学校社会美誉度。同时，强化理论和实践研究，发挥研究资政作用，号召各职业学校共同行动，积极参与，为促进老年人幸福生活和创建学习型社会而努力。

与会人员还观摩了西点制作、智能手机 App 使用、插画等老年教育培训项目的现场教学活动。

重庆市教育科学研究院
举行重庆市老年教育研讨活动

2019年10月16日，重庆市教育科学研究院在重庆市教科院议事堂举行重庆市老年教育研讨活动。重庆市教育科学研究院党委副书记、院长蔡其勇出席会议，职成教所所长胡彦、市26所老年教育试点中职学校相关负责人参加会议。

院长蔡其勇在讲话中强调，当前社会老龄化现象严重，国家高度重视老年教育工作，开展试点工作有价值、有意义，要加强与民政等部门的对接和合作，多组织外出交流学习，将市外有益经验转化为我市实践举措，推进老年教育有序健康发展。职成教所所长胡彦总结了试点前期工作，布置了下一步老年教育工作，要求学校进一步提炼成果，加大宣传；就老年教育工作检查作反馈，对如何做好老年教育工作提出了建议，并就2020年度老年教育试点学校申报作了要求。职成教所教研员张俊生解读了《关于举办重庆市第一届老年教育微课大赛的通知》要求。重庆市渝中职业教育中心、重庆市北碚职业教育中心、四川仪表工业学校、重庆轻工业学校分别就开展老年教育工作的做法和特色进行了经验交流。

重庆市教育科学研究院
召开 2020 年老年教育试点学校工作会

2020 年 3 月 24 日，重庆市教育科学研究院召开 2020 年重庆市老年教育试点学校工作视频会。院长蔡其勇出席视频会并讲话，职成教所所长胡彦主持会议。

蔡其勇院长充分肯定了疫情期间各中职学校的教育教学工作，分享了重庆市教育科学研究院“教育云课程”的建设经验。他要求中职学校要充分认识到发展老年教育的重要性和必要性，肩负起自己的社会责任，为政府分忧，为老年人服务；要充分发挥好学校各方面的优势和特长，在发展老年教育和服务当地经济社会发展中丰富学校的办学内涵；要转变观念，创新条件，彰显特色，形成亮点，进一步推进老年教育工作和老年教育研究工作。

会议总结了 2019 年老年教育试点学校工作情况，安排了 2020 年老年教育工作主要任务，展播了重庆市第一届老年教育微课比赛代表作品。会议强调，各学校要将老年教育工作纳入学校年度工作计划，明确工作重点，把握好时间节点，多方筹集资金，认真落实好蔡院长提出的工作要求和会议工作安排。

重庆市教育科学研究院职成教研究所全体人员、老年教育研究中心及课题组成员，以及 30 所试点中职学校校长、分管校长、部门负责人共计 120 余人参会。

重庆市教育科学研究院召开重庆市中职学校老年教育总结交流会

2020年11月24日，重庆市中等职业学校老年教育总结交流会在重庆市教育科学研究院召开，教育部职业教育中心研究所副所长刘宝民、教育部职业技术中心研究所培训中心汪洋、《中国职业技术教育》杂志编辑部副主任刘红、重庆市教育科学研究院院长蔡其勇、重庆市教委职成处副主任周萍、重庆市教委老干部处处长罗莹、重庆广播电视大学继续教育学院院长范文亚等领导和全市共100余名中职学校相关负责人出席，会议由重庆市教育科学研究院党委委员姜伯成主持。

重庆市教育科学研究院院长蔡其勇致辞。蔡院长对参加此次会议的各位领导和嘉宾表示热烈的欢迎，并向来宾介绍了重庆市老年教育的现状和取得的成绩。

教育部职业技术中心研究所刘宝民副所长讲话。他介绍了全国老年人口及老年教育开展的情况，指出我国现已进入老龄化社会，重庆的社会老龄化现象尤为突出。他肯定了重庆市教委、重庆市教育科学研究院等单位在老年教育方面做出的不懈努力和取得的突出成绩，特别指出编写的大量老年教育方面的教材特别有针对性、实用性。他提出期盼指出，应对老龄化是国家战略，我们要大力发展“银发经济”。老年要幸福生活，除了卫生保健系统，更重要的来源是职业教育。中职学校应进一步发挥好专业优势，调度好自己的行业企业资源，完善体系，强化保障，提升质量，为重庆市老年教育的发展贡献出自己的力量。

《中国职业技术教育》编辑部副主任刘红宣读《重庆市老年教育特色职业院校评选结果的通报》，并由参会领导给八所老年教育特色职业院校授牌。

重庆市教育科学研究院职成教所、重庆市渝中职业教育中心、重庆市女子职业高级中学、四川仪表工业学校、重庆市开州区职业教育中心、北碚区北温泉街道作孚路社区相继在会上作了经验交流发言。

重庆市教委职成处副处长周萍做了总结讲话。她向全体参会人员介绍了重庆市“十三五”期间老年教育的基本情况、“党委领导、政府主导、社会参与、全民行动”的老年教育工作方针和以老年大学为主体、社区学院为支撑、职业教育为补充的具有重庆特色的老年教育格局实践情况。接下来,她还着重介绍了促进重庆老年教育发展的蓝图规划,为重庆市老年教育下一步工作发展指明了方向。

重庆市教育科学研究院召开职业院校服务老年教育研讨会

2021 年 2 月 2 日，重庆市教育科学研究院组织召开职业院校服务老年教育研讨会。重庆市文化委原巡视员雷平，重庆市教委原副巡视员胡斌、隗建勋，重庆市教育科学研究院原党委书记伉大林，重庆市中华职教社副秘书长余燕青等领导和专家出席，会议由重庆市教育科学研究院蔡其勇院长主持。

重庆市教育科学研究院职成教研究所汇报了近十年来持续开展老年教育研究情况，介绍了重庆市教育科学研究院带领全市中职学校开展老年教育实践，建设老年教育课程、编写老年教育教材、开发老年教育资源、线上线下组织老年人学习的举措和效果。参会领导和专家对重庆市教育科学研究院老年教育工作给予充分肯定，对取得的成绩给予高度赞扬。会上与会人员围绕建党 100 周年老年教育主题活动、成渝两地老年教育研究协作、职业院校服务老年教育等进行探讨。领导和专家还提出了许多有建设性的意见和建议。

蔡其勇院长说，下一步市重庆市教育科学研究院将深化老年教育研究，扩大老年教育试点职校范围，充分发挥职业教育在服务全民终身学习中的重要作用，为建设学习型城市和智能化社会做出更大的贡献。

重庆市职业教育发挥专业优势
系统开发老年教育课程资源

近5年，重庆市充分发挥职业教育专业优势，坚持“科研、开发、共享”一体化思路，系统推进老年教育课程资源建设，促进职业教育与老年教育融合发展。

一、科研引领，提升老年教育课程资源建设的科学性和针对性

一是政策研究。重庆市教育科学研究院成立老年教育研究中心，研究《关于切实解决老年人运用智能技术困难的实施方案》《国家中长期教育改革和发展规划纲要（2010—2020年）》《老年教育发展规划（2016—2020年）》等相关文件，领会老年教育政策文件精神，把握老年教育课程建设的目标、方向、要求。二是课题研究。以重庆市教育科学研究院为主体，相关学校参与，立项《统筹城乡背景下老年教育资源供给的第三空间路径研究》《积极老龄化背景下中职学校老年教育资源供给模式的实践研究》等3项国家级、市级教育科研课题，厘清中职学校开发老年教育资源的时代价值和路径方式。三是需求调研。在调查对全市38个区县12 717名老年人教育需求的基础上，掌握了不同区域、不同文化层次等不同类型老年人对教学内容的共性需求和个性需求。通过调查研究，构建了适合老年人多样化学习需求、提高老年人适应现代社会生活能力的老年教育课程内容体系、体例结构和呈现方式，建成了富有重庆特色的老年教育资源建设标准。

二、系统开发，提高老年教育课程资源建设的整体性和适应性

一是开发纸质读本。重庆市教育科学研究院统筹全市中职学校专业优势，开发了19本老年教育读本。其中，有《智慧生活好助手》等信息技术类读本，有《金融防诈骗》等社会知识类读本，有《运动让你更健康》等养生保健类读本……这些读本图文并茂，符合老年人阅读习惯和审美取向。二是开发数字资源。根据数字化社会发展需

要和数字媒体直观形象等特征，重庆市教育科学研究院以中职学校为主体，吸纳部分社区学院、老年大学优秀教师，开发智慧生活、智能手机、养生保健、家政服务、社会工作、医疗护理、园艺花卉、传统工艺等10大类135门微型课程700余个数字资源。数字资源让老年人搭上了“数字快车”，增强了老年人运用智能技术的信心和能力。三是开发校本资源。部分中职学校在调研本地老年人教育需求的基础上，开发老年教育校本课程资源。例如，重庆市渝中职业教育中心开发了“社区老年人教育”系列校本读本，重庆市北碚职业教育中心开发了“勉仁”特色老年教育系列读本。校本资源满足了本地区老年人的个性化要求。通过系统开发，初步建成符合老年教育规律、具有中职特色的体系化、模块化的“桑榆尚学”老年教育课程体系。

三、开放共享，彰显老年教育课程资源建设的公益性和社会效益

一是配送纸质读本。通过重庆市社区学院、重庆市老年大学协会、中职试点学校等，向全市所有区县的社区学院（校）、老年大学、老年教育试点学校、农村书屋等免费配送老年教育读本42万余册。这些读本成了多数区县社区学院（校）、老年大学、试点学校开展老年教育活动的教材，填补了重庆老年教育教材的空白。多数参加学习的老年人给出这样的反馈“学起来很轻松，没有什么负担，想学的内容基本上都有”。纸质读本受到老年人的欢迎。二是共享数字资源。通过“桑榆尚学”微信公众号、重庆远程教育网、重庆云课堂等平台，共享数字课程资源，满足大多数老年人居家学习需要，有效弥补了农村社区、民族地区、边远山区、薄弱地区的老年学习中心课程资源短板。三是开展主题教学。30所试点学校创新线下线上融合的教学手段，线下融“请老年人入校园”“送教到社区村社”、游学等教育实践活动为一体；线上以云平台为依托，根据老年人居家养老的特点，组建“中职教师+学生志愿者+学习老年人”的网络学习共同体，开展远程老年教育活动，打破传统教育模式的时空限制，满足老年人“随时”“随地”的学习需求。

经过5年的努力，创建了以重庆市教育科学研究院为主导、老年教育试点中职学校为主体、相关单位为补充的中职老年教育课程资源开发体系，形成了“1+30+N”的重庆市职业教育与老年教育融合发展新格局。

重庆市教育科学研究院
学党史办实事助力老年教育发展

2021年，重庆市教育科学研究院在党史学习教育“我为群众办实事”实践活动中，发挥职业教育专业优势，组建老年教育教材开发团队，编写了《家庭插花艺术》《手工巧制作》《婴幼儿照护》《宠物养护与常见病防治》《金融防诈骗》5本老年教育教材。近日，重庆市教育科学研究院向重庆市老年大学协会45个会员学校、重庆市40个区县社区学院赠送这套教材，10余万老年人直接受益。赠送的读本深受老年人欢迎，重庆市老年大学协会和重庆市社区教育指导服务中心发来感谢信：“贵院赠送的这批书，符合老年人的实际需求，通俗易懂，可读性、操作性强，深受老年人欢迎。贵院赠书的义举是对习近平新时代中国特色社会主义思想的具体实践，对实现立德树人教育培养目标具有重要推动作用。”

重庆市教育科学研究院“桑榆尚学”老年美好生活教育课程体系建设实践

重庆市教育科学研究院作为肩负教育理论研究、课程与教学研究等职责的省级教育科研机构，担负着促进全市教育事业发展的重任。近年来，重庆市教育科学研究院立足老龄化社会转型的现实需求，充分发挥教育科研优势，统筹全市职业院校教育资源，建设“桑榆尚学”老年美好生活教育课程体系，构建市、校两级职业院校老年教育办学网络，创新重庆市老年教育发展的新模式、新载体，引领全国教育科研、职业教育和老年教育改革发展的新方向。

重庆市教育科学研究院是如何持续以“桑榆尚学”老年教育课程体系建设为抓手，推进教育科研、职业教育、老年教育协同发展的？我们在一步步了解中找到了答案。

职校中餐烹饪专业学生“清蒸鱼”操作示范

职校师生“家庭插花艺术”课程培训

老年人学习“创意剪纸”作品展示

“桑榆尚学”读本赠送给30个省市100余所老年大学

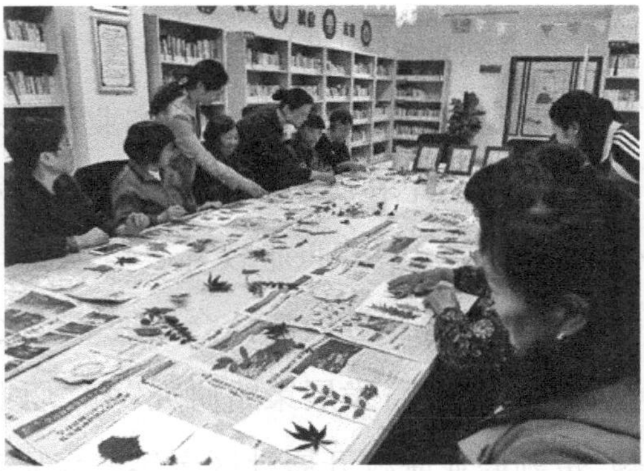

职校师生手把手教老人制作“树叶书签”

一、更新观念，认清引领老年教育的责任担当

“我院涉足老年教育，是因为职业教育与成人教育研究所受市教育行政部门委托，有推进成人教育的职责，其最初主要工作是开展扫盲教育；2011年，随着全国所有县级行政区均通过扫除青壮年文盲的国家验收，成人教育的重心转向社区，社区教育的主体是‘一老一少’，这样就自然进入了老年教育领域。”重庆市教育科学研究院领导介绍了最初开展老年教育的情况。“重庆市进入老龄化社会的时间较早，老龄化程度较高，老年人数量较多，他们对‘老有所学’的需求也日渐增加，老年大学出现‘一座难求’现象。”重庆市教育科学研究院职业教育与成人教育研究所负责人说出了前几年的工作感受。在工作中，他们感受到老年人对学习的渴求和老年教育资源的短缺，也在学习反思中领悟到：老年教育是终身教育体系和学习型社会建设的薄弱环节，发

展老年教育是实现教育现代化、建设学习型社会不可缺少的内容，让老年人“老有所学、老有所乐、老有所为”是为老年人谋福祉、为和谐社会建设做贡献的民生实事，是全社会的共同责任。

正因如此，重庆市教育科学研究院把推进老年教育发展作为自己的“分内事”，在重庆市教育行政部门支持下，定目标、明职责、定经费、配人员，持之以恒、扎实有序地开展老年教育工作，充分发挥自身作为省级教育科研机构的专业优势，统筹相关教育资源，创新老年教育发展路径，履行好引领老年教育的职责。

二、科研引领，确立“桑榆尚学”老年教育课程理论框架

教育科研机构推进老年教育，是重庆市老年教育和职业教育面临的新挑战。教育科研机构理所当然要做好“本业”，发挥好自身的科研优势。

事实上，早在2010年，重庆市教育科学研究院就敏锐地发现重庆已经进入老龄化社会，根据《中等职业教育改革创新行动计划(2010—2012年)》提出的“切实提升中等职业教育服务经济社会发展的能力和水平”要求，申报立项了“中等职业学校服务社区成人教育发展策略研究”和“职业院校参与社区教育的策略研究”两项重点课题，带领职业院校开展社区老年教育研究。

课题研究发现，职业院校配备有专业特色明显的教师队伍，具备较强的课程开发能力，有专业多样的教学设施设备，有遍布全市各区县的完备办学体系。职业院校开展老年教育具有专业优势、师资优势、地域优势、组织优势。但现实中也存在诸多困境，存在“开展老年教育的意识普遍不强，没有把日益增多的老年人作为服务对象；参与老年教育的学校很少，职业院校和老年教育形成了教育‘鸿沟’；开发老年教育课程经验不足，老年教育活动缺乏课程资源支撑；老年教育活动单一，服务能力薄弱”等问题。课题组认为，在老龄化社会程度日渐加深的时代背景下，职业院校可以成为老年教育的新生力量，推动职业院校服务老年教育，符合职业教育服务经济社会发展的本质规律和老龄化时代发展需要，职业院校服务老年教育发展大有可为、大有作为，也是教育科学研究需要解决的时代命题。

基于对职业院校服务老年教育的前瞻性认识，重庆市教育科学研究院加大老年教育的研究力度，依托较雄厚的教育研究实力和专业优势，设立“老年教育研究中心”，先后遴选和聘请了9位专兼职老年教育研究人员，组成一支专业素质高的研究

队伍，持续开展老年教育政策研究、理论研究和实证研究。

在政策研究方面，研究团队研究《国家职业教育改革实施方案》《职业教育提质培优行动计划（2020—2023 年）》《国家中长期教育改革和发展规划纲要（2010—2020 年）》《老年教育发展规划（2016—2020 年）》《中华人民共和国老年人权益保障法》《关于切实解决老年人运用智能技术困难的实施方案》《中华人民共和国国民经济和社会发展第十四个五年规划和 2035 年远景目标纲要》等相关政策文件，领会职业教育和老年教育改革发展要求，把握职业院校服务老年教育的目标、方向、路径等政策要求。

在理论研究方面，研究团队持续关注老年教育资源供给的短板，先后立项全国教育科学规划“十三五”规划国家教育部门重点课题“城乡统筹背景下老年教育资源供给的第三空间路径研究”、重庆市教育科学“十三五”“十四五”规划重点课题“积极老龄化背景下职业院校老年教育资源供给模式的实践研究”“重庆市老年教育城乡统筹发展研究”等系列课题，系统开展职业教育服务城乡老年教育发展的理论探索，明确职业教育赋能老年教育的时代价值、实践路径。

在实证研究方面，研究团队基于全市 38 个区县 12 717 名老年人的问卷调查分析，掌握了重庆市不同区域、不同文化层次、不同收入水平等不同类型老年人对老年教育的共性需求和个性需求，找准了职业院校老年教育的着力点和目标。基于对全市城乡老年大学（学校）和社区学院（学校）的抽样实地访谈发现，老年教育需求激增但资源供给不足，“一座难求”的现象普遍存在；老年教育的供给主体基本上是老年大学，供给主体单一；全市老年大学分属不同层级的不同单位管理，无法形成一个有机的整体；老年教育课程开发各自为政，随意性强且普遍存在“重数量轻体系、重休闲轻赋能、重娱乐轻价值”等问题。实证研究找准了职业院校服务老年教育的堵点和着力点。

基于理论研究、政策研究和实证研究，研究团队把建设具有“职业教育特色的老年教育课程体系”作为融合重庆市教育科学研究院的科研优势、职业院校的专业优势和满足老年教育发展需要的有效载体，促进全市老年教育课程资源由“低质量开发”向“高质量建设”转变，推动职业教育助力和谐老龄化社会建设。通过 5 年的研究、探索、实践、验证，构建了“桑榆尚学”老年教育课程理论框架，实现了课程理念、课程目标、课程内容及结构、课程表现形式、课程评价等方面的转变，搭建起新型老年教育课程体系的“四梁八柱”。

在课程理念方面，基于“莫道桑榆晚，为霞尚满天”的积极老龄观，融合终身教育理论、职业教育课程理论，提出“教育增值老年人美好生活能力和生命价值”的核心理念，克服传统老年教育课程“重娱乐轻价值”的认识误区。在课程目标方面，以“积极老龄化”视角下老年人“美好生活能力”培育为目标。美好生活能力是指老年人在所处场域中，恰当树立生活目标、正确采取生活行为、主动适应社会环境变迁、创造美好生活条件的能力，克服传统老年教育课程“重休闲轻赋能”的目标误区。在课程内容及结构方面，包含自知力、生活力、数字力、创造力四大类。自知力培育关注老年人能清楚认知新时代老人责任，弘扬中华优秀传统文化，引领社会风尚，服务国家和民族发展，以“责任觉知”大类课程形式呈现，细分为时事法治类课程、社会工作类课程、家政服务类课程；生活力培育关注老年人能独立自主地树立恰当、健康而有意义的生活目标，保持个体身心健康，以“保健养生”类课程形式呈现，细分为养生保健类课程、医疗护理类课程；数字力培育关注老年人能主动与外部资源对接，了解新事物、体验新科技，积极融入智慧社会，以“信息素养”类课程形式呈现，细分为智慧生活类课程、智能手机类课程；创造力培育关注老年人能参与劳动、融入社会，挖掘潜能并积极适应和服务社会，以“活力生活”类课程形式呈现，细分为文化艺术类课程、传统工艺类课程、园艺花卉类课程。课程形成了完整的体系，弥补了传统老年教育课程“重数量轻体系”的不足。在课程表现形式方面，分为纸质读本和数字资源两种形式。纸质读本以文字、图片为主，数字资源以微型视频为主，能融合纸质读本、手机、电脑等载体优势和文字、图片、声音、短视频等媒介优势，增强了课程的表现力和时代感。在课程评价方面，主要以老年学习者的体验感受和老年大学、社区学院的应用反馈为主要标准，兼具了课程评价的全面性和专业性。

事实证明，“桑榆尚学”老年美好生活教育课程理论框架解决了职业院校老年教育课程体系“为什么建”的理论性导向问题和职业院校老年教育课程体系“建成什么样”的本体性特色问题，为职业教育赋能老年教育指明了方向和目标。

三、省域统筹，构建“桑榆尚学”老年美好生活教育课程体系

科研引领改革，理论指导实践，是重庆市教育科学研究院的经验做法。优秀的课程理论框架要变成完整的课程体系，不能单打独斗，必须充分整合相关主体的优势，

形成“强强联合、优势互补”的课程开发团队。为此，重庆市教育科学研究院在重庆市教育行政部门的支持下，先后遴选42所市内高水平职业院校为老年教育试点单位，吸纳部分老年大学、社区学院力量，整合学校个体资源优势，以合作共建“桑榆尚学”老年教育课程体系为纽带，建立起“政府部门主导、教育科研机构统筹、职业院校为主体、其他老年教育机构参与”的老年教育课程建设共同体，克服了“各自为政”的局限。

怎样才能确保课程质量？重庆市教育科学研究院以项目的形式，遴选委托专业优势和师资优势明显的职业院校编撰老年教育纸质读本；以老年教育微型课程比赛的形式，向全市职业院校、老年大学、社区学院征集优秀老年教育数字课程资源；借助高水平的专业出版社力量，推进老年教育课程资源的推广运用，最终构建了省域老年教育课程资源开发的协同机制和质量监管机制。

经过5年努力，初步建成由10类150门核心课程的数字课程资源以及8类20门核心课程的纸质课程资源组成，归属责任觉知、保健养生、信息素养、活力生活4个大类的“桑榆尚学”老年美好生活教育课程体系。其中，责任觉知类课程包括时事法治类13门数字课程、社会工作类11门数字课程和4门纸质课程、家政服务类10门数字课程和2门纸质课程。保健养生类课程包括养生保健类15门数字课程和4门纸质课程、医疗护理类12门数字课程和3门纸质课程。信息素养类课程包括智慧生活类15门数字课程和1门纸质课程、智能手机类17门数字课程。活力生活类课程包括文化艺术类10门数字课程和4门纸质课程、传统工艺类16门数字课程和1门纸质课程、园艺花卉类16门数字课程和2门纸质课程。“桑榆尚学”课程体系集成文字、图片、声音、短视频等媒介优势和纸质读本、手机、电脑等载体优势，并以体系化、层次化、模块化的内容结构，彰显职业教育特色并满足老年人多样化学习需求。

实践证明，“桑榆尚学”老年教育课程体系解决了老年教育课程体系“怎么建”的科学化发展问题，凸显了教育科研机构的科研优势、职业院校的专业优势、老年教育的发展需求，为职业教育赋能老年教育奠定了坚实的基础。

四、开放共享，铸造“桑榆尚学”老年教育课程品牌

课程资源不能堆放在墙角，要进入课堂，接受学员的检验。重庆市教育科学研究院依托42所老年教育试点职业院校，主动对接重庆市老年大学协会、重庆市社区教育指导服务中心，与重庆市各区县社区学院(校)、老年大学(学校)、街道村社、农村书

屋、养老机构等相关单位合作，向全市所有区县城乡老年教育机构赠送“桑榆尚学”老年教育纸质读本64万余册，实现了全市所有区县赠书全覆盖，并发送到农村、边远和民族地区。老年教育纸质读本还在老年大学论坛上由中国老年大学协会推送给30个省份的100所老年大学。同时，通过“桑榆尚学”老年学习微信公众号等资源共享网络平台，向全社会免费共享“桑榆尚学”老年教育优质数字资源，打破传统老年教育模式，满足老年人“随时”“随地”的学习需求。

在广泛共享“桑榆尚学”老年学习课程资源的同时，重庆市教育科学研究院还与遴选的老年教育试点院校协作，线下以“请进来、外出游学、送教上门”等形式，线上组建“专业教师+学生志愿者+学习老年人”的网络学习共同体，引导老年人积极融入智慧社会，深度体验课程应用的教学效果。据不完全统计，近4年有31 600余位老年人进入试点学校重温了“学生梦”，有23 700余位老年人体会到了“送教上门”的幸福，有64 700余位老年人享受到了线上学习的“红利”。

“桑榆尚学”老年教育课程受到社会各界欢迎。纸质读本成了重庆市职业院校、老年大学(学校)、社区学院(校)开展老年教育活动的主要教材，填补了重庆老年教育教材的空白。参加学习的老年人反馈：“这套读本学起来很轻松，想学的内容基本上都有。”重庆市老年大学协会在感谢信中写道：“贵院赠送的这批书，符合老年人的实际需求，通俗易懂，可读性、操作性强，深受老年人欢迎。”全国30个省市的100余所老年大学也充分肯定了纸质读本的适用性和科学性。“桑榆尚学”数字资源不仅提供了重庆市的老年人居家线上学习使用，还得到四川老年大学、宁夏老年大学、大连社区学院、甘肃社区学院等单位的充分肯定。“桑榆尚学”老年学习微信公众号还推送到甘肃、宁夏、西藏等10个省市应用，让市内外超过80万名老年人直接受益。“数字资源内容丰富、直观形象、好学易用，让我们老年人在家里就能跟上数字时代的步伐。”家住重庆市渝北区的王大爷对“桑榆尚学”老年教育数字资源赞叹不已。

重庆市教育科学研究院引领职业院校开展老年教育课程建设的经验，在中国老年大学协会2020年举办的全国“新时代老年大学研讨会”上交流。教育部职业教育有关负责人到重庆专题调研并给予肯定。成果被《重庆日报》专版宣传2次、专题推广10次，新华网、华龙网、中国养老网等主流媒体宣传报道百余次。

“桑榆尚学”老年教育课程体系建设，在全国职业教育领域开启了职业教育服务老年教育发展的省域实践，为省域推进老年教育供给侧改革和提高职业教育的社会服务力提供了可复制可推广的经验,形成具有重庆职业教育特色的“桑榆尚学”老年教育品牌。

5 年的探索表明,开放共享“桑榆尚学”老年教育课程体系解决了老年教育课程体系“怎么用”的实践问题,创新了老年教育资源供给主体和方式,为职业教育赋能老年教育找到切实可用的实施路径。

五、多向赋能,推进老年教育、职业教育和教育科研协同发展

“桑榆尚学”老年教育课程体系建设,融教育科研机构、职业院校、老年教育机构各自优势和发展需求为一体,是具备老年教育课程研究、开发、应用、反馈、提升等功能的综合载体,三方相互搭台、相互赋能、良性互动,为共同体发展提供了永不枯竭的内生动力。

据不完全统计,5 年来,重庆市教育科学研究院和试点院校在重庆市教育行政部门的支持下,共投入老年教育经费 1 000 余万元;630 余名职业院校教师参加老年教育课程资源开发,870 余位试点学校教师直接参与老年教育活动,试点学校的 420 余名教师和 1 430 余名学生参加老年教育志愿服务活动;试点学校共有 430 余间茶艺室、烘焙室等专业教室投入老年教育活动。教育科研机构和职业院校的参与,增加了城乡老年教育校点,优化了老年教育布局,扩大了老年教育场所,补充了老年教育师资,丰富了老年教育课程资源,提高了区域内老年人的社会适应能力和生活幸福感。教育科研机构和职业院校成为重庆市老年教育资源供给的新生力量,有力推动了重庆市老年教育发展。

职业院校通过参加老年教育课程资源开发和老年教育主题活动,学校教师课程开发和运用能力增强,课程观、教学观明显转变,形成了具有较高水平的老年教育教师创新团队;参与老年教育服务活动的学生“敬老孝老”意识明显增强、服务社会的责任感明显提高,创新了职业院校立德树人工作途径;学校丰富了办学内涵,重庆市北碚职业教育中心等 8 所学校被评为“重庆市老年教育特色职业院校”,中职学校老年服务与管理专业实现新的发展,有 3 所中等职业学校将老年教育纳入高水平学校建设特色项目,参与老年教育试点的中等职业学校有 10 个老年教育相关专业进入市级以上骨干专业,中职老年教育项目获重庆市职业教育教学成果奖,获国家、市级老年教育教学大赛奖项 230 余项。试点学校将日益增多的老年人纳入社会服务范围,加

强试点学校与社区、与老人的联系,充分彰显职业院校的社会培训法定职责,提高了职业院校的社会知名度和美誉度,增强了职业教育对经济社会发展的适应性、支撑力和贡献度。

心有所向,顺势而为。重庆市教育科学研究院用责任担当、自主创新凝练"桑榆尚学"老年美好生活教育课程资源建设模式,开创了以教育科研引领职业院校服务老年教育发展的新样本。步入新时代,在落实积极应对人口老龄化的国家战略中,重庆市教育科学研究院将紧紧围绕"桑榆尚学"课程资源建设这一核心主题,进一步加强内涵建设,发挥好科研引领作用,为教育科研、职业教育和老年教育深度协同发展而不懈努力!

重庆职教服务老年教育为民生赋能

以“全民智学，助力‘双战双赢’”为主题的2020年全民终身学习活动周正在如火如荼进行着。倡导引领全民终身学习，是重庆建设学习型城市的基调，也是重庆推动高质量发展、创造高品质生活的动能。

作为终身学习体系的重要部分，老年教育承载着有分量的民生担当。

为满足老年人学习需求，提升老年人生活品质，在重庆市教委领导下，重庆市教育科学研究院高度重视老年教育发展，充分利用科研和专业优势，扎实有效地研究老年教育并指导中职学校开展老年教育工作，推动老年教育实现高质量发展。

老有所学，学有所乐。当老年人通过学习不断提高生活质量和幸福指数，那么社会必将走向更和谐、更美好。

引导260余名老师组成老年教育微型课程开发团队
构建“桑榆尚学”老年教育微型课程体系，设置文化艺术、智慧生活等10大类130门微型课程650个数字资源
2020年，在全市遴选30所中等职业学校作为老年教育试点学校

重庆职教与“桑榆尚学”

教师和学员展示手工作品

教师对老年人进行咖啡制作培训

学生与福利院老人合影

一、形成一批有影响力的研究成果，探索新形势下老年教育发展新范式

2020 年 11 月 23 日，重庆市中等职业学校老年教育研究与实践经验交流会召开。此次活动总结“十三五”时期重庆市中职学校老年教育研究与实践工作，交流中职学校老年教育工作经验，进一步营造全社会关心支持中职教育的良好氛围。

活到老，学到老。让老年人继续接受教育，既是老年人的权利也是需求。

近年来，重庆市高度重视老年教育发展，重庆市人民政府办公厅专门出台《关于老年教育发展的实施意见》，明确提出要强化政府统筹保障，扩大并逐步优化老年教育供给，创新老年教育体制机制，满足老年人多样化学习需求，加快形成符合重庆实际的老年教育格局。

该政策的出台为老年教育发展指明了航向、注入了动能，而这份文件的背后也包含了重庆市教育科学研究院所贡献的科研力量。

据悉，重庆市教育科学研究院在“城乡统筹背景下老年教育资源供给的第三空间路径研究”这一课题研究成果基础上，牵头起草了《重庆市人民政府关于贯彻落实国务院〈老年教育规划（2016—2020年）〉的实施意见》被重庆市人民政府采纳，最终形成《重庆市人民政府办公厅关于老年教育发展的实施意见》。

“老年教育研究是老年教育工作的先导。”重庆市教育科学研究院相关负责人谈到。因此，依托重庆市教育科学研究院的教育研究实力和专业优势，积极开展老年教育研究工作，以此激活老年教育发展的“源头活水”。

2017年，重庆市教育科学研究院在职业与成人教育研究所内设老年教育研究中心，专职研究老年教育，先后遴选和聘请了9名专兼职老年教育研究人员。他们均有高级职称或硕士以上学位，研究能力强，且年龄、学科结构合理，组成了一支专业素质高的研究队伍。

老年教育研究中心先后成功申报全国教育科学规划“十三五”规划教育部重点课题“城乡统筹背景下老年教育资源供给的第三空间路径研究”，重庆市教育科学“十三五”规划重点课题“积极老龄化背景下中职学校老年教育资源供给模式的实践研究”。在课题研究引领下，老年教育研究成果日渐丰富。

据了解，重庆市教育科学研究院先后完成《老年教育资源供给的第三空间路径研究》《省域老年教育比较研究——基于京、津、沪、渝、苏、浙的个案分析》《重庆市老年教育理论与实践研究》3部老年教育专著，在多个国家级刊物上发表《农村老年教育的特有“风情”》等文章。

老年教育理论研究和应用研究加深了对老年教育及老年教育工作规律的认识、理解。这一系列有影响力的研究成果，对重庆探索新形势下老年教育发展新范式起到了推波助澜的作用。

二、推出一批有亲和力的精品课程，“桑榆尚学”课程让老年人好学又乐学

家住重庆市渝北区的王大爷在大家眼中是个“潮人”，他拍摄的美食美景、城市生活等多种题材的照片、视频在朋友圈里很是吸睛。最近，他还在学后期剪辑：“时代发展很快，我们老年人就是要不断学习，精神才富足、生活才幸福。”

王大爷对摄影兴趣十足，平时喜欢到处采风，自从知晓“桑榆尚学”老年教育微型课程后学习摄影的劲儿更足了，因为学习时间更自由，内容也更宽泛。

如何让老年人对学习感兴趣？如何让他们学起来更便捷更快乐？如何通过学习带给他们满足感、成就感、幸福感？

面对需求与期待，以弘扬社会主义核心价值观为统领、以提高文化艺术修养为宗旨、以丰富老年人文化生活为内容、以实现美好幸福生活为目的，重庆市教育科学研究院创新构建“桑榆尚学”老年教育微型课程体系，开发出时事法治、文化艺术、智慧生活、智能手机、养生保健、家政服务、社会工作、医疗护理、园艺花卉、传统工艺10大类130门微型课程650个数字资源。

打开电脑、拿上手机就能时时学、处处学的课程究竟精彩在哪里？

据了解，每门微型课程由5个微课组成，每个微课以“文字+图片+数字视频+生活案例”的新型方式呈现。课程全部免费，老年人可通过微信公众号、App、网站等方式远程学习，充分满足大多数老年人居家在线学习的需求和学习时间灵活的需要。

不少老年人给出这样的反馈：学起来很轻松，没有什么负担，想学的内容基本上都有，关键是学习让生活变得更加充实愉快了。

为丰富老年教育资源，提升老年教育质量，在打造“桑榆尚学”老年教育微型课程时，重庆市教育科学研究院依托30所办学实力强、专业特色鲜明、设施设备齐全的中等职业学校，遴选260余名老师组成“桑榆尚学”老年教育微型课程开发团队。30所中等职业学校各自组建微型课程开发领导小组和工作团队，按统一要求具体开发微型数字课程。

作为“领头雁”，重庆市教育科学研究院积极开展老年教育精品微型课程评选，对优质新形态微型课程的教材和微课资源汇编出版，对课程建设中表现突出的老师进行表彰，充分调动了大家的积极性。

聚焦课程建设，重庆市已开发一批非物质文化遗产项目教材及微课程资源，建立起重庆市优秀传统文化进社区资源库，同时通过开展定制化学习资源和菜单式学习资源配送服务，建成支撑重庆市老年教育发展的学习资源库，塑造出一批老年教育课程建设典型经验和案例，推动老年群体人人想学、人人会学、人人爱学。

据悉，重庆市还通过重庆市老年大学协会、重庆市社区学院指导中心、中职学校等渠道，向全市所有区县、街道、社区老年学习点、农村书屋等免费发放老年教育教材42万余册。

三、引领一批有示范力的中职学校，在深度参与共建共享中优化社会服务

在开发课程资源的同时，重庆市还组建起“中职教师+学生志愿者+学习老年人”的网络学习共同体，开展远程在线互动教学活动；同时，组织开展老年人现场集中面授体验学习，推进线上线下一体化教学，让学习触手可及。

事实上，中职学校深度参与老年教育已成为一种常态。

“学校是开展老年教育工作的支点。”重庆市教育科学研究院相关负责人介绍。根据中职学校专业优势，重庆市从2017年起每年都要遴选中职学校作为老年教育试点学校，2020年更是确定了30所。

这些试点学校在统筹指导下对老年教育发展作出了哪些有益探索？

重庆女子职业高级中学在深入社区实地调研的基础上，选定舞蹈、厨艺、手工、养生保健、安全教育、信息技术和心理健康等实用性、趣味性强的学科作为培训内容，采取“以老带老”“线上线下相结合”的方式，选派熟悉情况、认真负责的社区志愿者担任班级管理员，鼓励老人们坚持集中学习并引导他们逐步接受线上学习的方式，逐渐形成了面授培训和线上自学相辅相成的良好格局。针对老年学员因身体、家庭事务等原因，学校还专门设计用手机就能学习的App，将适宜的微课、视频上传平台，便于学员们在方便的时间自学。

重庆市渝中职业教育中心成立了党员教师、教师、学生三个层面全覆盖的“海潮志愿者”服务队，定期深入社区，从点菜式培训逐步转向提供系列化课程教学。同时充分利用渝中区社区教育学院及6个分院的教育平台，将学校能开设的老年教育课程挂到社区教育学院的学习网络上，由各社区自行点选。此外，学校积极探索老年教育智能化、智慧化建设，与渝中区老年教育学院一起开发了古埙、花与生活、茶艺、创意绘画4门开放性课程，让老人随时随地都能学。

四川仪表工业学校通过发动内部职工、联系周边社区组织、养老机构等多途径，利用宣传单、宣传海报、微信、QQ、校园网等多种媒介，充分调动老年人参与培训的积极性和主动性。考虑到老年人的实际需求和现实情况，学校采取送教上门、一对一指导等形式，贴心做好服务。根据培训项目，学校还招募学生志愿者，协助会场服务、引导、升级培训操作，提高了服务水平、提升了培训效果。仅2019年就开展了14场次培训，培训600多名老人。

还有很多学校同样立足服务、多措并举，让广大老年学员在寓教于乐的学习过程中享受到精彩生活，真正实现学有所获、老有所乐。

据悉，重庆市教育科学研究院还将积极与市内外老年大学协会、老年大学、社区学院、研究机构等相关单位合作，共享资源，共谋发展，共同推动老年教育实现新突破、新跨越，为老年教育发展贡献更大的智慧和力量。

四、故事

（一）夕阳生活因学习而美——记老年学员杨秀琼

杨秀琼是重庆市北碚职业教育中心中式面点与营养餐培训班学员，年过六旬的她是第一期培训班的学员。

她几乎没有读过书，随子女进入城市后一直在家做家务，很少有机会参加培训和社区活动。听闻重庆市北碚职业教育中心有专门为老年人开展的培训，于是她抱着试一试的态度，拉上老伴到学校上了一节中式面点的体验课。老师有趣易懂的讲解，手把手的教学示范，让她很快就掌握了馒头制作的技巧。

这节体验课让她感慨，原来学习一门技能这样有意思。

后面的课她一节不落地全部参加，每次上课她都积极尝试动手操作，课后还总是追着老师请教。一期培训下来，她掌握不少面点制作技能。

培训结束但她的学习并未结束，她继续用学到的知识和技能在生活中实践，空闲时也会主动和老师联系学习新的技艺。

她制作的面点既健康营养味道又好，小区邻居都争着到她那里拿。久而久之，她的馒头、包子在小区出名了。每天空闲时，她就会多做一些在小区的微信群上售卖，与邻居分享。当别人吃着她做的面点时，幸福感、成就感溢满她的心头。

（二）学好普通话　讲出重庆人的热情耿直——记老年学员高文玉

“重庆现在很‘火’，经常都能碰到问路的，还有问什么地方好玩、哪些东西好吃的。”高文玉说，她想学好普通话，让外地人觉得重庆人热情耿直有素养。

高文玉已经 76 岁了，在她这个年龄还热衷学习、渴求学习的并不多。从 2018 年在社区学院接触老年教育开始，她学过钩花、智能手机运用，也带着老伴学唱歌。因为年龄偏大，再加上疫情影响，在社区学院指导下，她和老伴开启了在家上“云课堂”的日子。“现在老年教育真的办得很好，就像教我们普通话的赵老师，非常平易近人，不厌其烦地带我们从拼音学起。还有‘打卡渝中普通话’这样的小册子，配合课程让学习更是通俗易懂。”

通过学习，高文玉老人的心境更加宽阔，心情也更加开朗，自信又善于表达的她还以最高龄身份参加了市级朗诵比赛，虽然没入围决赛，但也收获满满。

高文玉 2019 年查出脑梗却没有放弃学习，线上多门课程和便捷学习形式让她觉得没有被时代抛弃，也在互联网大潮中冲起了一点浪花。正如她所言，重庆在不断发展，每一个市民都应该不断提升自己，学习就是最好的路径，学习也是一生中最值得追求、最容易获得满足的事情。

（原载于《重庆日报》，编辑：李　平）

老年教育增“职”　夕阳生活添“彩”

在老龄化社会程度日渐加深的时代背景下，如何实现“积极老龄化”，重塑老年人的生命价值，成为一项重大的民生课题。

党中央作出明确指示，“要积极看待老龄社会，积极看待老年人和老年生活，老年是人的生命的重要阶段，是仍然可以有作为、有进步、有快乐的重要人生阶段”。

莫道桑榆晚，为霞尚满天。

重庆市立足老龄化社会转型的现实需求，把职教切入老年教育“赛道”，通过建设“桑榆尚学”老年美好生活教育课程体系，让老年教育增“职”，澎湃出“教育+”的巨大能量，构建了市、校两级职业院校老年教育办学网络，引领全国教育科研、职业教育和老年教育改革发展的新方向，打通终身教育“最后一公里”。

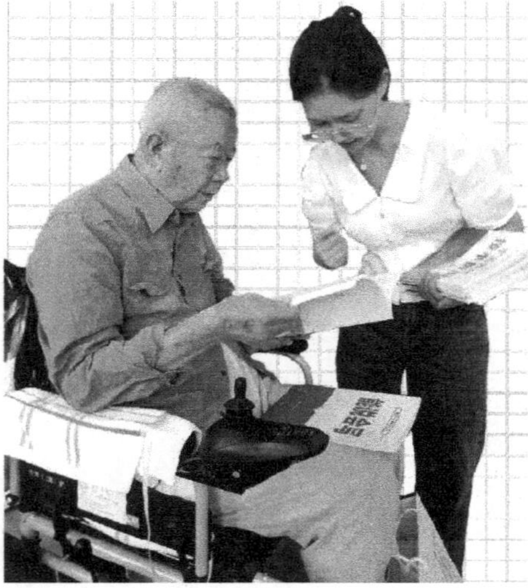

“桑榆尚学”老年美好生活教育课程“送教上门”

职教学生为老年人开展插花培训

“十三五”重庆市中等职业学校老年教育工作总结会

一、精准对接老年教育需求，职教切入老年教育“赛道”

随着生活半径从职场缩小到家庭，与时代脱节、日常生活枯燥乏味、价值感的缺失、孤独与空虚感蔓延等，基本构成了当下多数老人的生活困局。

在抽样实地访谈中，重庆市教委倾听到这样一些声音：“60 岁、70 岁还不算老。”“老年大学、老年社区基本以养生、陶冶情操为主，但其实我们更需要一份实现自我价值的工作。”“老年教育的供给主体基本上是老年大学，主体单一。”“老年课程重数量轻体系、重休闲轻赋能、重娱乐轻价值……”

很多老年人反复传达一个诉求：退休，是生活的新开始，也是就业的新开始。但数字时代老年人就业信息不对称、再就业技能薄弱以及无法适应智能化生活方式的转变等，在他们眼里都成了一座座无法逾越的“高山”。

32项
32项老年教育研究课题顺利结题
50个
50个老年教育建设项目顺利实施
15项
老年教育
研究类15项
5项
老年教育
游学类5项
17项
老年教育
学习体验类17项
13项
老年教育
乡村振兴类13项
42所市内高水平职业院校
成为老年教育试点学校
中职老年教育项目获
重庆市职业教育教学成果奖，试点学校参与国家、市级教育教学比赛230余项
630余位职业院校教师
参加老年教育课程资源开发
870余位试点学校教师
直接参与老年教育活动
3所中等职业学校将
老年教育纳入高水平学
校建设特色项目
试点学校共有430余间茶艺室、
烘焙室等专业教室投入老年教育活动
参与老年教育试点的
中等职业教育学校中，有
10个老年教育相关专业进
入市级以上骨干专业
8所学校被评为“重庆市
老年教育特色职业学校”

数说成绩

“技能”“技术”字眼被反复提及。基于抽样实地访谈和全市38个区县12 717名老年人问卷调查分析，重庆市教委描摹出清晰的老年人学习诉求轮廓，职业院校于是进入老年教育视野。

重庆市教育科学研究院进行课题研究发现，职业院校开展老年教育具有专业优势、师资优势、地域优势、组织优势，配备有专业特色明显的教师队伍，具备较强的课程开发能力，有专业多样的教学设施设备，有遍布全市各区县的完备办学体系。

“过去，老年教育属于‘慢跑’赛道，现在把职业院校作为新生力量加入其中，发展态势明显提质增速。”课题组认为，如今老年人对教育的细分层次有了更高的追求，推动职业院校服务老年教育，符合职业教育服务经济社会发展的本质规律和老龄化时代发展需要。

基于对职业院校服务老年教育的前瞻性认识，重庆市加大老年教育的研究力度。

坚持老年教育姓“教”。先后立项全国教育科学规划“十三五”规划教育部重点课题“城乡统筹背景下老年教育资源供给的第三空间路径研究”，重庆市教育科学“十三五”“十四五”规划重点课题“积极老龄化背景下职业院校老年教育资源供给模式的实践研究”“重庆市老年教育城乡统筹发展研究”等系列课题，系统开展职业教育服务城乡老年教育发展的理论探索，明确职业教育赋能老年教育的时代价值、实践路径。

坚持老年教育姓“老”。重庆市教育科学研究院依托较雄厚的教育研究实力和专业优势，设立“老年教育研究中心”，先后遴选和聘请了 9 名专兼职老年教育研究人员，组成一支专业素质高的研究队伍，持续开展老年教育政策研究、理论研究和实证研究。

坚持老年教育增“职”。2010 年就申报立项了重庆市教育科学“十一五”规划课题“中等职业学校服务社区成人教育发展策略研究”、重庆市教育科学“十二五”规划重点课题“职业院校参与社区教育的策略研究”等多项课题，带领职业院校开展社区老年教育研究。

二、精心打造老年教育课程，用一技之长开启幸福生活

如何在手机上找到最佳出行路线？怎样才能剪好窗花？如何预防网络诈骗？烘焙、冲咖啡有哪些技巧？……所有问题在“桑榆尚学”老年美好生活教育课程中都能找到答案。

通过 5 年的研究、探索、实践、验证，重庆市教委基于“莫道桑榆晚，为霞尚满天”的积极老龄观，融合终身教育理论、职业教育课程理论，提出“教育增值老年人美好生活能力和生命价值”的核心理念，推出“桑榆尚学”老年美好生活教育课程理论框架。

“进入小程序，我们可以看到 403 路公交车还有 10 分钟就到站了。”在智能手机类课程中，老师将公交线路查询、天气预报查看、网上预约挂号、电子相册制作等智能

生活小技巧一一道来，“牵”着老年人的手跨越“数字鸿沟”，引导他们过上“智”生活。

在很多老人心里，“桑榆尚学”老年美好生活教育课程是实现再就业的“入场券”。“责任觉知”大类课程细分为时事法制类课程、社会工作类课程、家政服务类课程，帮助老年人通过一技之长开启“后职业”生涯；它是美好生活的“调味剂”——“活力生活”类课程“端出”文化艺术类课程、传统工艺类课程、园艺花卉类课程三道“大菜”，让空气中弥漫艺术的芬芳、阳光的味道；它是智慧生活的“领路人”——“信息素养”类课程带来智慧生活类课程、智能手机类课程，帮助老人了解新事物、体验新科技，积极融入智慧社会；它还是老人们的健康“助理”——“保健养生”类课程包含养生保健类课程、医疗护理类课程，带来最科学、最全面的养生知识，护航老人身心健康。

重庆市瞄准自知力、生活力、数字力、创造力四大类，为职业教育赋能老年教育指明了方向、目标，不遗余力地解决当下老年人的数字困境、就业困境。

“我们的课程点击量峰值高达上万次。”重庆市教委相关负责人介绍，“桑榆尚学”课程体系集成文字、图片、声音、短视频等媒介优势和纸质读本、手机、电脑等载体优势，在彰显职业教育特色的同时满足全市老年人多样化学习需求。经过 5 年的努力，初步建成由 10 类 150 门核心课程的数字课程资源和 8 类 20 门核心课程的纸质课程资源。

三、精心耕耘老年教育事业，擦亮具有职教特色的老年教育品牌

随着“桑榆尚学”老年美好生活教育课程建设走向深入，重庆市教委以其为纽带，开启了新一轮“排兵布阵”：42 所市内高水平职业院校作为“主力军”，成为老年教育试点单位；吸纳部分老年大学、社区学院力量充当“神助攻”，进一步整合学校个体资源优势；最终凝聚四方合力，建立起“教育行政部门主导、教育科研机构统筹、职业院校为主体，其他老年教育机构参与”的老年教育课程建设共同体。

“桑榆尚学”老年美好生活教育课程蹚出一条“赋能之路”。42 所老年教育试点职业院校遍地开花，重庆市巴南职业教育中心开展了老年教育舞蹈、书法、绘画等学习班，累计培训千余人次；重庆市北碚职业教育中心充分运用烹饪实训基地，保证老年人学习体验常态化；重庆市龙门浩职业中学校将本土历史文化融入老年教育，拓展了历史教育的覆盖面；重庆市立信职业教育中心将花艺茶艺体验基地与老年教育结合，丰富老年生活的精神涵养；重庆市荣昌区职业教育中心提供“畜禽养殖技术”“水

果种植技术”“乡村旅游服务技能”等实用技能培训，满足农村留守老人的技能学习需求……

“桑榆尚学”老年美好生活教育课程蹚出一条“扩面之路”。重庆市教育科学研究院引导42所老年教育试点职业院校与相关单位合作，向全市40个区县城乡老年教育机构赠送“桑榆尚学”老年教育纸质读本64万余册，实现了赠书全市40个区县全覆盖，并发送到农村、边远和民族地区。

“桑榆尚学”老年美好生活教育课程蹚出一条“圆梦之路”。线下以“请进来、外出游学、送教上门”等形式，线上组建“专业教师+学生志愿者+学习老年人”的网络学习共同体，引导老年人积极融入智慧社会，深度体验课程应用的教学效果。据不完全统计，近4年有31 600余位老年人进入试点学校重温了“学生梦”，有23 700余位老年人体会到了“送教上门”的幸福，有64 700余位老年人享受到了“线上学习”的红利。

“贵院赠送的这批书，符合老年人的实际需求，通俗易懂，可读性、操作性强，深受老年人的欢迎。”重庆市老年大学协会的感谢信表达了多数老年人学习本课程的感受。随着“桑榆尚学”老年美好生活教育课程体系建设的深入推进，职业院校成为重庆市老年教育资源供给的新生力量，重庆在全国老年教育领域开创了由省域职业院校统一建设老年教育课程体系的先例，在全国职业教育领域开创了职业教育服务老年教育发展的省域实践，为省域推进老年教育供给侧结构性改革和提高职业教育的社会服务力提供了可复制可推广的经验，形成具有重庆职业教育特色的“桑榆尚学”老年教育品牌。

四、链接：重庆市2021年全民终身学习活动周开幕

以“庆建党百年华诞、谱终身学习新篇”为主题的重庆市2021年全民终身学习活动周于12月3日正式拉开帷幕。

据悉，“十三五”期间，全市以社区教育、老年教育为载体，引导推动各区县持续开展全民学习、终身学习活动；有序推动学历教育、非学历教育、职前教育与职后教育的有效沟通与衔接；建设“重庆终身教育网”，上线课程超过11 000门；开展“智慧助老”进社区活动，服务能力不断提升……多措并举积极推动学习型社会建设并取得了明显成效。

开幕式上，对荣获“2021年全国百姓学习之星”“全国终身学习活动品牌”“重庆市社区教育示范区”的集体和个人进行表彰，获奖单位代表也结合社区教育和终身学习等工作进行了交流发言。重庆市委教育工委委员、市教委副主任邓沁泉表示，下一步，重庆将充分发挥社区教育、老年教育贴近群众、办学灵活、全域覆盖的优势，通过全民终身学习，形成助推高质量发展、创造高品质生活的强大动能；不断深化教育领域综合改革，逐步扩大社会各群体教育选择、终身学习的机会；依托社区教育办学网络，完善覆盖城乡的老年教育服务体系，切实办好家门口的社区教育学院和老年教育学校；努力搭建老年教育资源共享和服务平台，打造一批社区老年教育在线精品课程；充分发挥“百姓学习之星”“终身学习品牌代表”等先进典型的带动作用，大力营造“人人皆学、处处能学、时时可学”的良好社会氛围。

（原载于《重庆日报》，编辑：李振兵）

积极推进老年教育　提升学校服务社会能力

——四川仪表工业学校“十三五”期间老年教育工作总结汇报

我校作为一所公办中等职业学校，依托区域养老产业，与四联优侍等企业携手合作，在努力办好“老年人服务与管理”专业的同时，也充分发挥职业教育服务社会的职能作用，大力推进老年教育。

一、基本情况

学校于2018年被正式确定为老年教育中心培育学校。三年来，学校高度重视老年教育工作，将其列入学校年度工作要点，成立了组织领导机构，制定了工作方案，明确发展目标，落实工作经费，不断健全各项工作制度，完善培训设施设备，推进老年教育工作规范有序进行。三年来，学校共组织开展老年教育现场培训24场，培训老人900余人次；组织教师开发老年教育微课6个、微课程13门，参加市级比赛累计获奖14个，编印校本教材10本；积极探索，初步构建了老年教育与专业建设相互促进、融合发展的机制，学校服务社会的能力得到进一步提升。

二、主要做法

（一）成立领导机构，加强老年教育工作组织领导

学校高度重视老年教育工作，将其列入议事日程，作为一项重点工作来抓。一是建立工作机构，学校成立了老年教育工作领导小组及办公室，领导小组组长由校长和党委书记担任，副组长由相关分管副校长担任，成员由相关部门负责人组成；二是明确职责狠抓落实，领导小组主要负责研究制定老年教育培训工作方案，加强培训组

织,协调解决在老年教育培训工作中出现的问题,总结经验和不足,研究制定改进措施,办公室负责具体组织实施。

(二)积极投入,为开展老年教育提供经费保障

一是合理合规使用专项经费,确保专款专用。二是积极自筹经费加大投入,加强老年教育培训场地建设,完善培训设施设备,优化培训环境;聘请优秀师资,开发教育培训资源;为参培老人提供学员餐和茶水等,提高老人们的获得感和幸福感。

(三)挖掘内部潜力,建立老年教育师资库

动员和鼓励各位教师参与老年教育培训工作。学校在自愿报名和教师推荐的基础上,通过资格审查,择优聘请老年教育培训教师,确保每个培训项目不少于 2 名教师。目前,学校的师资专业涵盖了智慧生活类、运动健身类、手工制作类、糕点制作类等 13 个类别,为拓展老年教育培训项目奠定了基础。

(四)组建志愿者队伍,用心服务老年教育

学校在老年人服务与管理专业学生中组建了学生志愿者服务队。其主要工作包括协助开展老年教育政策宣传、做好会务工作以及协助老师一对一指导老人进行实际操作。学生志愿者队伍的组建,不仅提高了服务水平、提升了培训效果,也为学生提供了一个学习实践锻炼的平台,助推了老年人服务与管理专业学生的专业能力提升。

(五)做好疫情防控,确保培训安全

2020 年下半年,学校组织老人进行现场培训时,高度重视疫情防控。要求参培老人入校时出示行程码、测体温,异常者不得入校参加培训。培训全程要求佩戴口罩。学校的疫情防控措施也得到学员们的理解和支持。

(六)加大宣传,增强老年教育吸引力,扩大老年人受益面

学校通过各种新媒体广泛宣传党和国家关于发展老年教育的方针政策,宣传学校在老年教育培训中的典型经验、做法和成效,增强老年教育的吸引力,充分调动老年人参与教育培训的积极性和主动性,让更多的老年人受益。

三、亮点与特色

（一）科学设置培训项目，开展特色培训

学校在深入调研的基础上，根据本地老年人学习需求和学校优势，科学设置培训项目，努力打造老年教育特色课程。近三年，通过“请进来”和“送教上门”相结合的方式，开展了茶艺、剪纸、养生保健、西点烘焙、计算机、智能手机使用等丰富多彩的现场培训，涉及7个项目共24场，培训老人900余人次。每次培训，老人参与热情高，学习认真，满意度高。

（二）积极开发资源，线上、线下培训同步推进

2020年上半年，老年教育现场培训受到影响。学校在重庆市教育科学研究院的指导下，积极组织教师开发老年教育微课程，利用半年的时间就开发了13门微课程，为开展老年教育积累了资源。同时，学校组建了老年教育微信群，邀请有培训意愿的老人进群，在群里推出老年教育微课链接，让老人在家也能接受老年教育培训。

（三）创新工作机制，推进专业建设与老年教育融合发展

如何实现养老专业与老年教育的融合发展，学校进行了积极探索。一是通过老年教育志愿服务搭建学生专业实践平台，使学生在参与志愿服务的过程中，进行专业实践，提升岗位适应能力；二是通过老年教育资源开发、培训授课，加强师资队伍建设，提升教师教学教研能力；三是开展专业实训场地建设时，将老年教育培训功能考虑进去，实现资源共享；四是通过老年教育送教进社区、进养老机构，密切校企合作关系，促进校企合作人才培养的落地。

回顾“十三五”期间学校老年教育工作，虽取得了一定成绩，但离党同人民群众的期望还有一定差距。在人口老龄化形势日益严峻的情况下，老年教育任务将更加艰巨。接下来，学校将不断总结，加强学习，开拓创新，推进老年教育在“十四五”期间再上新台阶。

真情映晚霞　夕阳更生辉

——开州区职业教育中心“十三五”期间老年教育工作总结汇报

在重庆市教育科学研究院的指导下，我校成为首批十所“老年教育试点学校”之一。我们用心探索，“以真情去映照晚霞，让夕阳更熠熠生辉”。

一、培育概况

目前，我校已具体组织了三年共六期老年暨社区教育培训。其中，一年两学期以引进来的方式在校内培训了500多名学员；另外的两年四学期，以送出去的方式送教到乡镇和社区，对1 000多名学员进行了培训。培训内容主要有舞蹈体操、声乐合唱、计算机认识、书法绘画、太极、插花、手工刺绣和普通话等。

二、实施策略

我校主要采用以下5个方面的策略，初步形成老年教育体系，略显特色。

（一）成立组织，完善机制，工作推进有力度

试点探索伊始，我校成立了专项工作组，校长亲自任组长，分管副校长任副组长，各处室主任为领导小组成员，领导小组下设办公室，由培训处具体负责，其余处室协助配合，各处室还签订了老年教育目标责任书。学校把老年教育纳入年度工作计划，每年拨专款专用，确保老年教育工作正常开展。同时，我们还制定了《老年教育培育经费管理制度》及同项工作的《管理员职责》《班主任职责》《教师职责》《学员守则》等文件，确定了“一周一交流，一月一汇报”的定期交流机制。

组织有保障，制度有依据，机制在完善，工作推进有序有力，我们的老年教育培训取得了令人满意的成绩！

（二）深入考察，尊重需要，成功前提有保障

为求真务实，在每一个区域组织培训，我们的首要工作都是考察，包括乡镇、社区。组织团队前往实地考察，真实了解各地老年人的学习需求、愿望和倾向。然后，从尊重学员需求和发挥地方资源优势两相结合的角度确定各地各期培训方案。三年来，在本校和十多个乡镇社区组织的社区暨老年教育都获得了成功，效果良好，很受欢迎。

（三）广泛宣传，拓展团队，项目认同人气旺

中职学校探索老年教育，没有太多成熟经验可供借鉴，因此我们非常重视宣传引导工作，以期达到师资充足、学员积极、志愿者踊跃的局面。

校内，利用教职工大会、短信平台、校园网站、电子屏幕、QQ 群、微信公众号多维宣传，让众多的老师报名加入老年教育师资队伍，众多的学生报名加入老年教育志愿者队伍；校外，通过开州电视台、开州手机报、小区微信/QQ 群以及海报传单等形式进行宣传，让众多的适龄老人积极报名，参加学习培训。

目前，我校已经建立了一支涵盖体育健康、文化艺术、信息工艺等 22 个专业 60 余人的老年教育教师队伍，组建了一支由 10 名教师和 100 余名学员组成的志愿者服务队伍，3 年来服务了 1 500 多名老年朋友。

（四）搭建平台，展示风采，点燃激情有活力

有展示就有激情，有汇报就有活力。我们每期都要为学员们搭建展示平台，在校内礼堂，在校外广场，在街道，在社区，或演出，或展览，尽量让每个学员都有上场展示的机会。

学员们演出的节目多姿多彩，舞蹈、太极、合唱、京剧、快板、走秀，样样精彩；展示作品的学员多才多艺，插花、刺绣、书法、绘画，件件精美。他们欢声笑语、自信阳光，就像是一群激情满怀、活力四射的青春少年。

我们觉得，我们的工作是有意义的！

（五）激励参与，规范整理，持续发展有希望

为激励优秀骨干老师参与老年教育培训项目，我们把课时费标准定得比校内学历班高，把老年教育的相关比赛获奖经历纳入教师个人绩效考核及评职晋级考核。2019 年，重庆市首届老年教育微课大赛中，我校获得 3 个二等奖。

对于相关过程资料，我们进行了分类整理，包括教案微课等教学资源、管理制度、实施方案和师生信息档案等。相信对以后的持续发展肯定会有助推作用。

创新服务方式　满足老年教育需求

——重庆市女子职业高级中学“十三五”时期老年教育工作总结

一、工作概况

基于加快老龄事业发展和养老体系建设的国家战略，老年教育已纳入终身教育体系，重庆市女子职业高级中学凭借职业教育资源优势，在重庆市教育科学研究院的指导下，从 2017 年开始，以提高老年人的生命和生活质量为目的，整合社会资源、激发社会活力，线上线下结合，勤修内功创建培训资源，认真踏实地打造女职老年教育品牌，为一步一个脚印地推进老年教育的发展做出贡献。

二、主要举措

（一）规范运行机制，创建老年教育品牌

我校高度重视老年教育专项工作，由学校党委牵头，相关部门分工协作落实，组建了党、团联动的老年教育工作管理队伍，以学校社会培训名师为主体的师资 20 余人和学生志愿者 50 余人的服务团队，陆续建立健全了教学管理、学员管理、教师管理、安全管理等各项管理制度，有力推进了老年教育工作的开展。

在运行过程中，我校工作得到重庆市教育科学研究院、区教委、街道社区领导的充分关注，通过参加开班典礼、工作指导、过程监督、座谈考察等多种方式进行指导和帮助，促进我校办学过程资料齐全，教育、教学管理规范，获得参训老年学员的好评。

（二）制订工作流程，理顺老年教育管理

学校老年教育培训及活动过程管理规范，开班典礼、教学组织、成果展示、优秀表彰等流程一丝不苟，环环相扣，学员花名册完整，活动图片和简报等过程资料按学期

归档。严格遵照文件要求,从学制、学时安排、课程设置等主要教学环节方面抓教学组织管理,教学效果有保障。

(三)线上线下结合,满足老年教育需求

我校建有覆盖全校的能够满足学习需要的无线网络,有条件为老年教育提供线上线下的配套服务。在深入社区实地调研的基础上,将舞蹈、手工、养生保健、安全教育、信息技术和心理健康等实用性、趣味性强的学科作为培训内容。组织编写了以“养生常识”“玩转手机”“以礼待人”“沟通之道”“心理健康”等为主题的培训教材,满足老年群体的学习愿望。积极支持老师们参与重庆市教育科学研究院组织的老年微课比赛,不仅丰富了教学资源,也很好地促进了教师教学能力的提升。

三、工作特色

(一)以老带新,创新管理方式

为加强管理,选派熟悉情况、认真负责的社区志愿者和往届优秀学员担任班级管理员,通过开学典礼和结业表彰,对全勤学员和优秀学员进行表彰奖励,营造良好的学习氛围,老人们上课出勤率高、学习秩序好,达到了增长见识,发展友谊、提升幸福指数的效果。

(二)线上线下,创新学习方式

线下学习,可以使学员们因爱好和志趣走在一起,激发更多人生的活力。同时针对老年学员因身体、家庭事务等限制,并不方便经常外出的特点,学校开发了手机学习的 App,将微课、视频上传平台,便于学员们自学。这种线上线下相结合的学习方式,既有统一性同时又照顾到老年人的实际情况,保证了不错的学习参与度。

(三)校内校外,创新办学方式

学校不仅在校内开展老年教育,还积极向更广区域延伸办学,以在养老院设立教学点、组织义工辅助教学团队、进社区开班等形式推广老年教育。在 2020 年新年之

际，学校在五季元养老院举行了“2020，我们爱您”老年教育成果展示暨迎新年演出活动，教委、街道、社区、养老院、我校相关领导及各期学员代表和养老院的学员参加了活动。学员们用自己的手工作品布置会场，载歌载舞，引吭高歌，用活到老、学到老的夕阳风采，讴歌新时代，喜迎幸福年！他们纷纷感言：老年学习不仅锻炼了身体，愉悦了心情，丰富了精神生活，还有机会发挥所学的才能，得到展示价值的舞台，老年人也能跟上时代的步伐，成为时尚的代言人。

四、工作成效

通过老年教育，学员们实现了学有所获，老有所乐的愿望；重庆市女子职业高级中学达到了教有所获，服务社会的初衷。

在老龄化飞速发展的今天，办好老年教育，既是学校担负的社会责任，也是完善培训体系的需要。我们将不断总结提高，坚持不懈努力，全力打造重庆市女子职业高级中学老年教育品牌，为促进“十四五”期间老年教育事业科学发展，形成具有中国特色的老年教育发展新格局贡献力量。

发挥社会服务功能 做好老年教育工作

——重庆市渝中职业教育中心“十三五”老年教育工作总结

多年来,重庆市渝中职业教育中心坚持走内涵发展之路,在认真做好中职学历教育工作的同时,也注重发挥中职学校的社会服务功能,积极开展社区教育、老年教育,为建设学习型城区,为全民终身学习尽自己的一份力,服务于区域经济的发展。学校在专业(群)建设+老年教育、师生综合素养提升+老年教育、互联网+老年教育方面做了大量的探索与实践,取得了良好的效果。

一、专业(群)建设+老年教育

学校护理专业(群)的建设是学校老年教育的支撑,不断加强护理专业(老年护理方向)的建设,提升专业的人才培养质量是做好老年教育工作的基础。2012 年,学校将护理专业(老年护理方向)作为国家示范校建设专业进行建设,从教学模式改革、人才培养模式改革、师资队伍建设、校企合作等方面做了大量的工作,为老年教育的开展做了充分的人力资源准备。

2015 年,学校申请了市级老年护理专业实训基地项目,使该专业在硬件条件上得到了进一步提升,为老年教育工作的开展提供了良好硬件支持。

2018 年,学校被确立为重庆市高水平建设项目学校后,进一步探索和思考结合区域经济的实际情况,顺应区域产业转型升级对人才的需求,将护理类(含老年护理方向)、学前教育(含保育方向)、休闲保健类等专业组合起来建设康养专业群,专业群发展以区域经济发展服务为目标,为区域培养具有专业知识和技能的康养人才。2019 年,学校参与国家首批 1+X 证书制度试点(老年照护)深化校企合作,产教融合,探索人才培养新出路。这些都为学校开展老年教育工作提供了良好的支撑。

在专业(群)的支撑下,从2012年大坪街道肖家湾社区老年保健知识讲座开始,到大坪街道辖区八个社区的老年课堂,再到今天成为渝中区社区教育学院职教中心分院,我校走进全区所有街道社区和企事业单位开展老年课堂和社区服务,共开展老年课堂65场,有3 820位老年市民重新体会到当“学生”的感受,有7 638名老年市民接受过我校师生的上门服务。

二、师生综合素养提升+老年教育

校社合作,搭建老年教育的平台。学校与大坪街道八个社区及其他街道的多个社区签订“校社合作共建协议”,给社区挂“渝中职教中心社区学校”牌匾,协议约定社区负责调研学员需求、组织老年学员、提供学习场地;学校负责课程、教材、师资、技能训练。校社各司其职、分工合作,共同推进社区老年教育工作。

老年教育与老年服务同行。学校每次到社区开展老年教育活动,都会安排该专业一定数量的学生参加。教学时,学生可以“一帮一”辅导一些年龄较大的学员。课程结束后,学生还可以给老年学员提供免费理发、肩颈按摩、心理咨询等服务,有效提升了老年学员的获得感和幸福感。学生在服务过程中既形成了尊老爱老的思想觉悟,也实际锻炼了专业技能。

老年教育工作与学校教学研究、课题研究有机结合。在几年的老年教育工作中,学校坚持从实践中不断总结提炼经验,将具体工作做法升华为教学论文、科研课题及教学成果。例如,就菜单式课程这一做法,余腊梅老师发表了论文《中职学校“菜单式”培训在社区教育中的运用》;就学校与社区合作送教进社区,学校申报并结题了重庆市职业教育重点课题“中职学校参与社区教育的策略与有效途径的研究”;由学校与社区合作共建,学校申报的教学成果“校社合作 生民共进”获得了重庆市教学成果奖二等奖。

将老年教育纳入学校期末绩效考核,充分肯定教师在老年教育工作中的付出,同时在评职、评优中也有一定的分值体现,从而在制度上有效保障了老年教育的质量和可持续发展。

三、互联网+老年教育

建立云菜单，实行“菜单式”教育，学校编制“课程菜单”，社区老年学员“点菜”。学校先确定出老年教育课堂的课程菜单（共“20道菜”）发给社区，社区老年居民可根据自己的需求向学校点菜，学校安排相应老师和学生到社区具体实施。这样做能提高老年教育内容的针对性和吸引力，提升老年教育的实效性，避免教育资源的浪费。

构建云课程，编写了系列老年教育教材。在总结老年教育课程及教学工作的基础上，学校发现老年教育课程内容存在广、散、乱等现象。为了规范课程内容，学校组织力量对前期老年教育课程进行了梳理，决定从人文、科学、健康生活三个方向来编写系列云教材，确保老年教育课程内容的规范性、科学性、实用性。学校编写的“老年保健运动”课程被评为重庆市社区特色课程。

扩展课堂教学空间，构建老年云课堂。借助学校智慧管理平台，建立老年云课堂，进一步扩展了教学空间。结合老年朋友的实际需求，着力打造了老年保健操、老年太极操、健康小西点制作、茶艺茶道等微课程，老年朋友可以通过扫描二维码随时关注和学习自己喜欢的课程。云课程突破了时间和空间的限制，进一步扩展了课堂教学的空间。真正实现随时、随地参与老年教育的学习。

总之，学校在老年教育工作中，做到了“有目标”“有支撑”“有课程”“有制度”，将老年教育工作与学校的发展相联系。作为重庆市老年教育试点学校，我校将不断总结老年教育工作中的经验教训，继续探索老年教育的实施途径与方法，进一步完善老年课程体系，丰富老年教育资源，创新老年教育形式，建构起更加完善的老年教育体系，为重庆市老年教育的发展贡献学校的力量。

让老年生活更精彩

——重庆城市管理职业学院“十三五”老年教育工作总结

一、依托学校专业优势，助力老年教育工作实现新突破

（一）主要做法

近年来，随着各级各地和社会各界对老年教育的重视，加之国家对高职教育的大力扶持，重庆城市管理职业学院老年康养相关专业发展态势良好，社会服务能力显著增强，与全国各地的知名企业、政府共谋发展战略，在老年教育志愿服务、老年服务业人才培养培训等方面具有突出成效。

第一，加强学科建设与人才培养培训。经过多年的摸索与实践，学校开设了老年教育相关专业，以老年服务与管理专业为核心，以康复治疗技术、康复工程技术、护理等专业作为重要支撑，为我国老年教育教学、科研和管理输送了大批的人才。5 年来，我校养老相关专业毕业生人数达 1 762 人，学生在全国知名养老机构、老年康养机构等单位工作，也有学生成长为养老院院长、院长助理等，为老年教育可持续发展提供了人才支撑。同时，近 5 年来，学院承接了养老护理员职业资格认定培训及养老院院长、管理人员培训等，达 5 100 余人次。

第二，加强理论与政策研究。学院建有博士后科研工作站和重庆市智慧康复养老工程技术研究中心。教师团队中教授 5 人、副教授 15 人，博士 10 人（含 3 名博士后）；近 5 年，主持国家社科基金项目 1 项，获得教育部全国职业院校教学能力比赛奖项 3 项，获得发明专利 2 项、实用新型专利 42 项，指导专业群学生获得全国职业技能大赛奖项 41 项。出版了《老年康复护理实用技能》《老年人基础护理》《养老服务机构人员培训与指导》《老年生活照料实用技能》等 14 部专著。

第三，党建引领，立足专业，开展系列老年教育志愿服务活动。近 5 年，学院通过

志愿服务活动项目化、制度化、规范化等手段，整合资源，服务社会，与渝北区民政局、沙坪坝区民政局、重庆宏善实业集团有限公司等签订了战略合作协议，老年教育志愿服务2万余人次，被中国教育在线、人民网、新华网等媒体报道40余次。

（二）存在的问题

开展老年教育系列志愿服务活动的经费均由学校自筹，社区、养老院在老年教育志愿服务活动中处于配合地位。各地区如何调动社会力量关注老年教育的积极性，与学校共同承担老年教育志愿服务经费，需要进一步思考。

（三）下一步打算

进一步明确人才培养定位，培养立足西部、辐射全国、走向世界的高素质复合型技术技能人才，强势推进老年教育人才的培育。

进一步扎实做好老年教育志愿服务工作，建立社区学院，做好老年大学建设相关工作，形成品牌，做出特色。

二、学校党政大力支持，打造老年教育特色新品牌

在学校党委、行政的正确领导下，由工会购买服务，每年划拨10万元工作经费，相关二级学院提供专业支撑在学校家属区（2014年4月成立）针对老年人（学校退休人员、随迁老人等）实际需求，成立了"四叶草社工服务站"，开展了系列社区老年教育服务。

（一）服务内容

自四叶草社会工作服务站成立以来，秉承"爱心、责任、服务、奉献"的社工人文精神，发挥学校社会工作、老年服务管理专业优势，运用老年社会工作方法和相关理论，根据老年人身心特征和精神需求，整合学校社区服务与管理、民政服务与管理、康复治疗、护理、社会体育、物业管理等专业教育资源；校外社会服务机构、志愿服务组织、公司、医院、社区、超市等社会力量资源针对逸雅苑小区离退休教职工及家属、其他随迁老人（教职工家属）开展了兴趣发展、权益维护、能力提升、文艺文化、康复保健、医疗卫生、健康科普等社区老年教育服务。

1.开展丰富多彩的社区老年教育服务，使老有所乐

你陪我长大，我陪你变老。依托传统节日，如元旦节、端午节、重阳节，开展“我们的节日”——“云端午有奖知识竞答”“迎国庆·品中秋”“九九重阳·悠悠花香”等社区邻里节项目累计30次，受益对象2 000余人次，以及“音乐照护”老年康乐小组，吸引退休老人走出家门，参与社区活动，丰富退休老人晚年生活。通过参与活动，结交朋友，老人们在活动中收获快乐和情谊，安享晚年生活。

2.开展常态化兴趣班服务，使老有所学

活到老，学到老。根据老人的日常需求，整合资源，开展每周每天的常态化、可持续化的老年兴趣班服务，如“唱响岁月”老年合唱团、“武动夕阳”太极拳小组、“耆乐无穷”老年手工坊累计570余次，受益对象累计6 000余人次，促进老有所学。

3.培育老年志愿者，使老有所为

莫道桑榆晚，为霞尚满天。挖掘老人潜力特长，发挥老人余热，培育5名老年志愿者。其中退休教师、书法志愿者王宇加老师（70岁），自2017年开始积极参与志愿服务，服务数量从一个书法班到三个书法班，服务对象从儿童青少年到中青年到老年，服务形式从线下辅导到线上辅导，孜孜不倦、乐此不疲连续三年至今带领书法兴趣小组志愿服务累计550次，服务对象累计5 500人次，从未缺席，主动创新所带领的书法小组。通过志愿者培育，传递志愿服务精神，提升老年参与社区教育内生动力。

4.慰问关爱空巢老人，使老有所依

经统计，学校家属区有10余户空巢、独居老人家庭。自2014以来，社工与志愿者运用倾听、尊重、共鸣、鼓励手法，通过节日慰问、不定期上门慰问、微信问候、物业信息转发、心灵陪伴、精神慰藉、疫期服务等形式关心关爱空巢老人累计300余次，传达学校党委及工会、退休教职工服务中心组织的温暖关怀，传递人文关怀。

（二）存在的困难

（1）老年服务专职人员少。行政事务多，大部分内容是由青年志愿者和教师志愿者提供服务。

（2）离退休老人参与活动积极性低。由于离退休老人文化水平较高，对服务需求高，社工站提供的服务不能及时满足离退休老人需求。

（3）离退休老人与随迁老人的融入感低。由于离退休老人与随迁老人生活经历

不一样，来自不同地方和环境，双方交流话题不一样，导致离退休老人与随迁老人互动少。

(4)老人身体健康下降，外出参与服务率降低。

(三) 对策及思考

(1)根据服务对象人数适当设置老年服务专职岗，并配以督导，提高服务质量。

(2)通过访谈、问卷、观察、文献等多种调查方法进一步了解离退休教职工需求，开展精准老年教育服务。

(3)多开展离退休老人和随迁老人老年互动服务，增强互动，促进双方彼此交流。

(4)根据老人需要和实际情况，征得老人意见下开展定期入户上门一(工作人员)对一或者多(社工、老年服务人员、志愿者、护工、心理咨询师)对一陪伴服务，如上门读报、义诊、义剪、生命精彩故事协助整理服务。

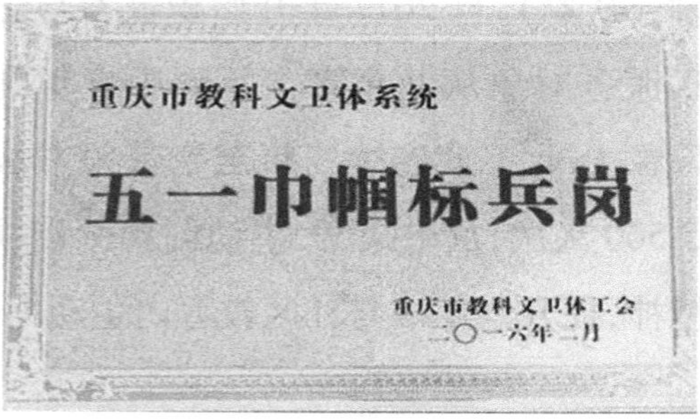

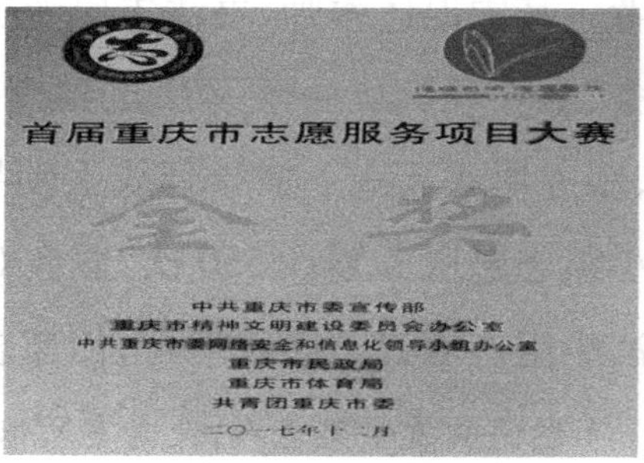

获奖情况

开展特色技能培训　助力老年健康生活

——重庆市医药学校“十三五”老年教育工作总结

老年人是国家和社会的宝贵财富。老年教育是我国终身教育事业和老龄事业的重要组成部分。发展老年教育，是积极应对人口老龄化、实现教育现代化、建设学习型社会的重要举措，是满足老年人多样化学习需求、提升老年人生活品质、促进社会和谐的必然要求，对促进社会和谐、决胜全面建成小康社会具有重要意义。

为深入贯彻落实《重庆市人民政府办公厅关于老年教育发展的实施意见》（渝府办发〔2017〕192 号）要求，根据重庆市教育科学研究院老年教育工作的统一部署，我校于 2018 年 11 月申报重庆市老年教育中心培育学校。在实际工作中，学校充分发挥卫生类学校资源优势，积极探索老年教育培训模式，努力创新老年教育培训机制，以“老年护理技能培训”为核心开展老年教育活动，形成了独有的老年教育工作特色。自 2019 年以来，现已举办老年教育相关培训班 18 个，共培训学员 1 145 人；开展老年健康义诊、老年病预防知识专题宣传活动 6 次；开发老年教育微型课程 29 个，社会反应良好。

一、精心组织，有序开展老年教育培训工作

（一）建章立制，规范培训

（1）学校高度重视老年教育培训工作，成立了以校长为组长的老年教育工作领导小组。领导小组下设办公室，成员由培训、教务、科研、总务等科室负责人组成。培训科牵头负责学校老年教育工作的组织实施，确保培训工作有序开展。

(2)从开展老年教育工作实际需要出发,逐步建立健全培训宣传、教学管理、师资队伍建设、教学考核评价、经费管理等制度,使老年教育培训工作从启动伊始就管理规范,运行有序。

(二)广泛调研,按需培训

从2019年2月起,用一个月时间,通过实地走访和问卷调查等方式,认真开展长寿区老年教育情况调查,根据本地区域老年人教育培训重点需求和普遍需要,结合学校办学特色,有针对性地开设相应培训专业,具有较强的针对性和实用性。

(三)精心组织,精细培训

(1)通过长寿电视台、《长寿日报》、手机报、微信公众号、海报传单等形式,充分利用校园信息网络平台,多渠道多角度向社会发布老年教育培训活动信息,激发老年朋友参与活动的热情。

(2)选聘优秀专业教师,组建老年教育培训师资团队。

(3)精选课程、精细备课,注重理论与实操相结合,注重课堂教学与社会需求相结合。

(四)注重安全,服务周到

在培训过程中,注意优选培训场地,优化学习氛围。培训场地注意了老年朋友学习的安全需要,教学过程注重了严肃性与人文关怀相结合,后勤保障体现了热情周到与方便性相结合。

二、开展特色培训活动,助力长寿老人健康生活

在充分发挥医药卫生类学校的资源优势的前提下,学校已经形成了以“维护人的生命健康”为宗旨,以“母婴护理、育婴员、保育员、康复理疗、护理病人、养老护理”等工种为代表的特色职业培训模式。为了更好地推动老年教育工作,在现有的养老护理技能培训基础上,结合本区老年教育工作的实际情况,对接长寿区老年大学和社区学院,与其办学模式错位发展,紧紧围绕“为了长寿老人的健康长寿”的活动目标,坚

持“提高老年护理水平，助力老年健康生活”的老年教育工作思路，以“老慢病防治”技能培训为突破口，着力打造新的特色培训亮点，主动联系社区、卫生部门、养老机构等，开展了以下教育培训活动。

（一）广泛开展老年人老慢病防治技能培训，努力实现老年护理能力提高培训全覆盖

（1）深入社区组织开展老年人老慢病预防与护理老人技能培训。

为帮助社区家居老人提高居家自我护理能力和慢性病自我防治水平，学校组织专业培训队伍，送课进社区，在向阳路、黄桷湾、三峡路等社区，以70岁以下有行动能力老年人为对象，开展了“居家老人自我护理和老慢病防治”技能培训，共培训老年学员3个班151人。

（2）2019年，结合“1+X”证书制度要求，组织护理专业学生开展“养老护理员”职业资格证书就业技能培训，共举办培训班5个，培训学员313人。

2020年，结合学校高水平护理专业建设，开展了以社区居民为培训对象，举办以“老慢病防治与老人护理”为主要内容的老年人照护专项能力培训班3个，培训学员169人；举办母婴护理技能老年培训班4个，培训学员318人。

（3）与长寿区卫健委合作，开展了为期5天的全区“乡村医生老慢病防治服务能力提升”培训，并将培训结果与乡村医生执业能力挂钩。共培训乡村医生95人，为提升我区基层卫生技术人员的老慢病防治能力起到了积极的促进作用。

（二）开展校企合作，共建养老护理实习实训基地

重庆市长寿区绿松苑养老公寓是长寿区寄养老人容纳量较大的医养结合社会养老机构，拥有床位400张。为了进一步提升康养机构护理技能水平，帮助培训学员拓宽就业渠道，促进我区机构养老护理工作的健康发展，学校和绿松苑养老公寓达成了校企合作共建“老年护理实习实训基地”的协议，并开展了实质性的合作。2019年，先后5次派送380名养老护理专业培训学员前往绿松苑养老公寓，开展机构养老服务能力技能培训实训和见习活动，并为绿松苑养老公寓寄养老人和护理人员开展了为期4天的养老机构“老慢病预防与日常护理”知识技能培训，共培训51人。

（三）结合学校体育特色，开展老年人太极拳培训

为帮助广大离退休教职工过好健康快乐的老年生活，结合学校特色体育项目“太极拳”的优势，举办退休职工太极拳兴趣班。现已开展教育系统退休职工太极拳培训48人。

（四）开展老慢病防治义诊宣传活动，普及老年健康知识

在7个社区开展了“健康长寿行——2020年社区居民义诊活动”，给社区老人免费体检计1 675人。开展2020年社区卫生知识及老慢病防治知识宣传活动6次，共计提供老慢病防治等老年健康咨询服务800余人次，发放健康知识宣传手册2 500余份。

（五）积极参与老年教育微型课程开发制作

(1)组织青年教师参加重庆市第一届老年教育微课大赛，共获得一等奖1项、二等奖1项、三等奖2项（一等奖“高血压爷爷的健康指导”，二等奖“搞定与微信好友的这些事儿”，三等奖“高血压危害和保健”“体位转换之座位到立位”）。

(2)组织相关专业教师参加了老年教育微型课程开发制作暨第二届老年教育微课大赛，共报送“剪纸”（非遗工艺类）、“老年朋友自我照护”（医学护理类）、“中医保健按摩：器械篇”（医学护理类）、“婴幼儿照护”（家政服务类）、“老年康养食疗”（游学康养类）5大类25个微课作品参赛。

三、老年教育工作成效

自开展老年教育培训工作以来，学校专业建设特色更加突出，服务社会的功能得以增强，为当地经济社会发展服务的价值体现得更加充分，职业教育的社会影响力进一步扩大。对学校深化办学职能，进一步创新教育教学机制，充分发挥中职教育改革发展示范校的作用具有重要意义。

(1)老年教育进社区，大力开展社区教育，既充分发挥了职业教育资源共享的优势，又密切了学校教育和社区教育的联系。这是全面贯彻党的十八大以来习近平总

书记系列重要讲话精神，落实党中央、国务院老年教育发展规划的体现；是对如何延缓衰老，提高老年朋友生命质量，实现健康老龄化这一新课题的积极探索；是推进终身教育，扩大老年教育供给，创新老年教育机制，以提高老年人的生命和生活质量为目的，整合社会资源、激发社会活力，提升老年教育现代化水平的具体体现。

(2)大力开展以“服务老人健康长寿，助力老人健康生活”为目的，以提高老年朋友自我护理水平、增强社区老慢病防治能力为主要内容的老年教育护理技能培训系列活动，是学校根据自身办学实际，开发出来的新的特色培训项目。这一特色项目的实施，既培养了一批专门从事老年教育的教师，壮大了老年教育师资队伍，促进了学校职业教育师资队伍建设，推动了学校高水平专业建设的快速发展，也为我区康养结合机构养老、社区养老事业提供了护理人才的支持，促进了全区老年护理水平的整体提升。在彰显学校职业培训办学特色的同时，也为卫生类职业院校参与职业技能提升行动计划，深入开展校企合作，拓宽学生就业渠道，帮助学生顺利就业，切实服务社会提供了一条新的办学思路。

重庆市北碚职业教育中心老年教育试点自评总结

重庆市北碚职业教育中心作为重庆市老年教育中心培育学校,2020年在重庆市教育科学研究院的指导下,紧紧围绕“2020年老年教育培训主要任务”,以“创新工作方法,统筹社会力量,开发教学资源,提高老年教育教学质量,服务更多老年人群,扩大中职老年教育的影响”为突破口,继续发挥中职学校资源优势,扎实开展2020年老年教育培训工作,现将2020年老年教育培训工作总结如下。

一、工作概况

2020年,一场新冠疫情,改变了我们的生活,也让我们的教育工作接受了前所未有的挑战。2020年,我们的老年教育培训工作也随之发生了变化,较前两年有了更多的创新与改革。学校积极转变观念,创造条件,开放资源,积极探索老年教育工作的创新。

(一)开展老年教育课程建设

上半年疫情期间,学校结合实际,把老年教育培训的工作重心放在老年教育课程建设上,通过丰富老年教育的课程内容,打造老年教育培训品牌。学校积极组建“1+2+n”的老年教育课程建设团队,确定每门课程1位领导领衔指导,2位专业教师具体负责,多位教师参与的课程资源建设团队,激发教师参与的热情,扩大教师参与面,确保课程资源建设的顺利实施。学校共申报了中式面点制作、特色家常菜制作、茶艺冲泡、家庭插花艺术、舞蹈表演、布艺制作、手机拍摄及分享、网上学习、书法9门微型课程。拍摄制作了45个课程微课，建设了“中式面点”“插花艺术”2门精品课程。

（二）创新线上老年教育培训

2020年上半年，学校结合特殊的疫情形势，全民宅家抗疫，策划开展了第一期线上的老年教育培训，开设了中式面点制作、茶艺等课程。老师们通过QQ直播课堂，在线教授老年朋友进行馒头、花卷、包子、红糖锅盔等面点的制作；在线进行了盖碗茶茶艺冲泡教学，指导老年朋友茶艺冲泡技巧。此次线上培训的方式让老年朋友宅家也能学技术，参与学员上百人，学员反响热烈。通过新的网络学习方式，丰富老年朋友的生活，提升老年朋友的生活品质。

（三）丰富线下老年教育体验培训

学校结合实际，按计划实施了两期线下老年教育体验培训，参培学员120人。

第一期线下体验培训，我们主动走出去，与作孚路社区携手，在社区开展了中式面点制作培训。

第二期线下体验培训，我们让老年朋友们走进校园，在校内开展了厨艺提升培训、叶雕培训课程等，受到老年朋友的广泛好评。

（四）提炼老年教育成果

在老年教育培训中，学校不断总结、提炼，形成老年教育成果，上半年完成老年教育典型案例1份，待发表；10月完成老年教育成果汇编1本，配合重庆市教育科学研究院开展的老年教育的专题宣传。

二、主要举措

（一）科学规划，层层落实

结合2020年疫情特殊背景，学校确定了以课程建设为重点，线下线上教学为抓手，资源整合多方联动为突破口，优秀案例成果提炼为目标的培训思路，拟定了2020年老年教育培训方案。学校成立了以学校校长为组长的老年教育培训领导机构，通过召开线下、线上的工作布置会，层层落实2020年的老年教育培训任务，确保2020年的老年教育培训工作落到实处。

（二）资源共享，多方联动

学校与社区携手，开展家门口的老年教育培训。通过多方联动，在招生、培训场地、师资上做到资源共享，优势互补，为老年朋友学习提供了就近的平台、满意的服务。

（三）人性关怀，贴心服务

老年教育培训班建立微信群，搭建学校、教师、学员间沟通的桥梁。每次课前，为老年学员们精心准备好学习资料及学习用具；向他们发送温馨的交通、安全、上课老师等提示短信；每节课贴心地为学员准备矿泉水、手套、帽子、围裙等，让老年朋友感受到来自培训团队的一份温馨与愉悦。

三、工作特色

通过近几年的老年教育培训探索，学校构建了“1224”特色老年教育培训模式。

“1”即一条主线：培训中，我们坚持将“勉仁”文化理念贯穿始终，打造“勉仁”老年教育特色培训。一是编印《“勉仁”特色培训歌曲集》《“勉仁”中式面点学材》等校本读本；二是开展“勉仁”班级文化建设，融入班级团建，增强班级凝聚力；三是开展“勉仁”系列主题活动，注重仪式感，每期班举行隆重的开班典礼、特色的结业典礼，通过成果展示、班级文化展示、优秀学员的评比，让每个学员在培训中收获的不光是技能，更是团队协作的乐趣、学员间的友谊。

“2”即两个抓手：一是以老年教育平台开发为抓手，将线上网课教学与线下体验教学有机融合，将校内与社区镇街资源相结合，拓展老年教育平台；二是以老年教育课程建设为抓手，通过精品课程建设、微课、教案资源建设，提升老年教育培训质量。

“2”即两个优化：一是优化教师队伍。通过校园网公开招聘培训教师、招募学生志愿者，积极鼓励师生关心关注老年教育，培训者也由“要我做”到“我愿做”，保证了课程实施、教学形式的实效与创新。二是优化培训课程。课程设置上以实用技能学习为重，融入职业素养提升通识课程，将特色烹饪课程与信息技术、插花课程的有机融合，内容丰富、实用，满足学员多样化学习的需求。

“4”即四个保障：一是“1+1”机制保障。学校成立了由校长任组长的老年教育培训领导小组，顶层规划、统筹实施老年教育培训工作。同时建立了老年教育培训长效机制，制定了《老年教育培训考核评价制度》《培训学员档案制度》等一套完整的制度，推进项目实施。二是“1+1+n”师资保障。每个培训班配备1名班主任、1个专业教师团队，多个学生助教辅助教学指导，手把手教学，确保培训实效和质量。三是“n+1”服务保障。从班主任到专业教师团队，都紧紧围绕学员为中心，从环境布置到学具准备、从培训中的物资保障到培训结束教师亲笔签名的特色结业证书，时时处处让学员们感受到不一样的职教氛围。四是“1∶1”经费保障。为注重培训效果，学校经费1∶1配套，经费支出向培训原材料倾斜，向营造培训人文氛围倾斜，向培训宣传与展示倾斜，确保项目实施。

四、工作成效

2020年学校的老年教育工作成效显著。

（一）开发了一系列课程

学校以老年教育项目实施为契机，组建课程资源建设团队，多位教师参与了老年教育课程教学及课程开发，打造了“中式面点”“插花艺术”两门精品课程；新增“叶雕”培训课程，完成中式面点等校本教材开发5本。在课程资源建设中，提升了课程品质，促进了教师的专业化成长。

（二）服务了一批老年朋友

2020年通过线上教学、线下体验等方式，共开展了中式面点、插花艺术、茶艺、叶雕3期老年教育特色培训，结业学员200余人，丰富了老年朋友的精神文化生活，提升了他们的生活品质，受到了老年朋友的普遍欢迎，也得到了学员的广泛认可。据统计，学员对我校培训的满意度达到99.5%。

（三）形成了一批成果

(1)学校不断总结老年教育工作，形成老年教育典型案例1个，待发表。

(2)制作了老年教育微课45个，罗统碧、李天容等主编了重庆市老年教育读本

《家庭插花》1本。

(3)罗统碧校长参研的全国教育科学规划教育部重点课题“城乡统筹背景下老年教育资源供给的第三空间路径研究”结题。

(4)10位教师在市级第二届老年教育微课比赛中获奖,其中吴锦平老师、费明卫老师制作的微课“乌龙茶冲泡”获得一等奖;陈婷秀、曹希老师制作的“傣族舞”系列微课,封俊老师制作的“中式面点”系列微课,李天容老师制作的“插花艺术”系列微课获得二等奖;吕北平老师制作的“中式热菜”系列微课,刘瑞琪、王文静老师制作的“超轻黏土”系列微课获得三等奖。

五、本年度后期即将开展的工作

(1)根据学员的需求,学校将于11月21日至12月12日期间继续开展2020年第四期老年教育培训,将主要开设烹饪技艺、家庭插花、手机摄影3个培训班,预计招收学员90人。

(2)深化老年教育工作,不断提炼老年教育培训工作成果,积极撰写老年教育培训论文并发表。

六、问题及建议

学校开展的老年教育培训,真正让老年朋友实现老有所学、老有所为、老有所创、老有所乐,在老年朋友中形成了良好的口碑,学校的影响力和美誉度得到了提升。但仍然存在一定的不足。

(1)在老年教育课程资源建设方面还有待加强,品牌影响力不够。

(2)老年教育培训的覆盖面还不够广,宣传影响力还不够大。

(3)老年教育的研究还不够深入。尤其通过实践,在老年教育工作方面虽有成效,但提炼形成的研究论文还不多。

在今后的老年教育工作中,学校将不断强化老年教育的品牌建设,拓展老年教育平台,深化老年教育培训研究工作,扎实推进办出特色,形成老年教育培训品牌,更好地服务老年朋友。

重庆市开州区巨龙中等职业技术学校 老年教育试点自评总结

一、工作概况

自老年教育试点工作开展以来，我校认真贯彻落实《中华人民共和国老年人权益保障法》《中华人民共和国教育法》以及《重庆市人民政府办公厅关于老年教育发展的实施意见》(渝府办发〔2017〕192 号)和《关于公布重庆市 2020 年老年教育试点学校的通知》等文件精神，坚持党的领导，坚持党教育方针与路线，坚持“丰富知识、丰富生活、拓展视野、陶冶情操、促进健康、服务社会”的宗旨和“学、做、用相结合”的施教方针，倡导“老有所学、老有所乐、老有所为”的文化理念，结合老同志的兴趣爱好，以多种多样的教学形式和丰富的教学内容，先后开设了饮食保健、老年舞蹈、家庭园艺、亲情通话 4 个学科，通过不断的探索、改革、创新，逐步走出一条颇具特色的老年教育的路子，取得了较好的社会效果。

二、主要举措

(一)组建优秀教师队伍

我校高度重视老年教育试点工作，成立校长任组长、成教处人员为成员的老年教育试点工作领导小组，在学校筛选优秀教师组建了一支优秀的老年教育师资队伍，把具有一定专业知识、有较强授课能力、热爱老年教育事业并有较强敬业精神的人员聘为该专业教师，要求每位老师均从老年人的实际情况出发，把每节课都上成“精品”，使学员真正“听得懂、学得会、有兴趣、能使用”。

（二）完善教学保障

为进一步改善教学条件，我校在经费十分紧张的情况下，投入 2 万余元，添置了两台电脑、一台打印机、一台投影仪以及其他教学辅助设备。

（三）采用信息化教学

根据时代发展与老年人实际需求，在教学上我们尽量采用信息化教学，利用 QQ、微信、视频等方式让老年人紧跟时代步伐，感受新时代信息技术给生活、学习带来的便利，在教学中教师利用多媒体和影视画面的表现形式，充分展示教学内容的魅力和趣味性，增强了学员的新鲜感与求知欲，加深学员对课程的理解和记忆。同时，为了方便老年教育活动开展，我校组织了一支 14 人的志愿者队伍，按天、轮流开展辅助和服务活动，解决老人上学的各种不便和后顾之忧。

三、工作特色

老年教育对于我校来说是一个新的课题，为了做好教学活动，我校集大家智慧，想办法、动脑筋，从多个方面进行求实创新，务实工作，以增强老年教育的吸引力。

（一）围绕“学、做、用相结合”，突出老年教育的实践性

老年人在生理变化上的共同特征是记忆力、视力听力等均出现不同程度的下降趋势。在接受新事物上突出特点是重经验、实用而轻理性，加之他们接受老年教育又具有“短时性”，而不适宜于从事高深持久的脑力劳动，难以接受注入式的理论教育。这就决定了我校老年教育必须突出基础性、实践性。首先，在学科内容方面我们注重贴近并直接服务于老年人的生活。其次，在教学方法上，我们注重讲授与示范、课本与现实、理论学习与实践操作有机结合起来，做到学、做、用结合，以用促学，真正使学员学有所得。特别是近几年来，为突出实践性办学，我们把专业实践课作为教学的重头戏，同时，我们还大胆改革完善教学内容，赋予教学内容以更加鲜明的生活气息和时代特征。我们根据老年人生活实际和需要，先后开设了老年养生烹饪、老年人社会

问题和政策、识别假币与假冒伪劣产品、老年人购物消费指南、老年人使用微信指南等课程，内容贴近老年人生活，注重培养和提高老年人生活技能，增强自我服务能力，有很强的实用性、指导性、现实性，因此受到老年人的普遍欢迎。

（二）围绕“学乐结合”，突出老年教育的娱乐性

我们围绕“寓教于乐”做文章，努力为老人改善和优化学习软环境。首先，在课程设置上增设了文体课，内容涉及歌舞、卫生保健等，并将理论课同文体课穿插安排，同时适当缩短理论学习时间，相对延长文体课时间，使老人学习生活有声有色、有张有弛、劳逸结合，有效地增进他们的身心健康。其次，在教学形式上，突出故事性、趣味性，如经常搞答辩、评比、研讨等，使课堂教学始终充满情趣和生机，提高了学习的效果和感染力。

（三）围绕“学为结合”，突出老年教育的服务性

老年人参加学习的动机，已从求知、求乐、求健开始向奉献、实现人生价值方面转变。“学以致用，以学促为”已成为广大老年人参加学习的追求目标。实践证明，广大老年学员通过学习所发挥的作用已运用到社会的各个领域，为地方的精神文明建设作出努力。

四、工作成效

总的来说，我校的老年教育活动使老年人增长了知识、开阔了视野、丰富了生活、增强了体质、减少了烦恼，对提高老年人的整体生活质量起到了有效的推动作用。

（一）市级微课大赛喜获奖项

2020 年 7 月，我校教师参加市级第二届老年教育微课大赛喜获大奖。樊声元的“微课使用教程”作品荣获二等奖，张俊、胡清平的“丝网花制作”及邹莉、左键的“生活小妙招”作品荣获三等奖。这是我校在老年教育资源开发方面的收获与成果。

（二）项目培训促进学习风气

通过饮食保健、老年舞蹈、家庭园艺、亲情通话项目的开展，采用示范和讲解分析相结合的方式，让老年朋友掌握了保餐饮制作、民族舞蹈、插花养花、通信软件等基本操作技能，促进了终身学习的良好风气。

（三）特色活动引领社会风气

一是每天傍晚在广场组织周边广大老年朋友参加“我运动，我健康”的坝坝舞活动。二是室内学习插花的艺术。学校利用专业优势，抽派相关专业老师，对在花卉种植方面有兴趣的老年朋友进行花卉栽插培训。三是组织学生会干部进社区养老机构慰问表演。我校经常组织学生社团，利用节假日走进各种养老机构，对老年朋友进行关爱活动和慰问表演，让他们感受到社会的温暖，用实际行动示范引领了尊老敬老的良好社会风气。

五、本年度即将开展的工作

按照年度计划，继续做好日常教学工作，提高课堂教育质量，不断丰富教学内容。在此基础上，一是继续抓好各类特色教学、服务活动，助推尊老敬老良好家社会风气的传承与发扬。二是开展送职业技能进养老机构，根据养老机构特殊情况，以线上线下方式对员工进行养老护理技能培训，让当地老年人享受更优质的养老服务，感受更美好幸福的晚年生活。三是加强政治思想教育，提升教师和学员素质，帮助教师和学员树立正确的人生观和价值观，弘扬正气、倡导“四互”等。

六、问题及建议

（一）存在问题

由于我们过去抱着“老年学校，特别是老年大学是为离退休老干部服务”的观念，人为地使学校与社会隔离，致使大多数农村老年人徘徊于校门之外，特别是重复的教学内容陈旧老套，失去了吸引力，而且学员文化参差不齐，教学把握有难度，学员出勤不能有效控制,给教学管理造成不小难度。严峻的现实使我们认识到,要促进老年教育的生存发展,必须从更新观念入手,勇于打破禁锢我们办学思想、阻碍我们办学步子的条条框框,选准老年教育的立足点,准确把握老年教育的发展方向,树立起新的教育观。

(二)发展建议

1.树立"大教育"观点

把整个社会老年人纳入老年教育的视野,打破只面向离退休干部办学的旧体制,发展壮大老年教育队伍,把老年大学办成社会老年人的"家",使老年教育由"无源之水"转入"源远流长"的新境地。

2.树立"素质教育"观念

立足社会人口老龄化的"三高"特点,把提高老年人自身素质,增强自我服务能力作为首要任务,把老年教育真正办成适应老年人特点和需求的特色教育。

3.树立"新时代教育"观念

立足于时代,服务于时代,以新时代的发展为导向,不断拓宽老年教育的新领域,增添老年教育的新内容,开拓老年教育的新思路,把培养具有现代意识和新时代特征的新型老年人作为老年教育的重要教育目标,使老年教育始终保持旺盛的生命力。

我校在来年的老年教育培训中严格执行重庆市教育科学研究院的工作要求,不断探索教学模式,调整培训方式,继续搞好老年教育工作。

重庆市黔江区民族职业教育中心老年教育试点自评总结

老年教育是我国终身教育事业和老龄事业的重要组成部分，对促进社会和谐、决胜全面建成小康社会具有重要意义。我校作为国家中等职业教育改革发展示范学校、重庆市老年教育中心培育学校、重庆市高水平中等职业学校项目建设学校，将结合“高水平社会服务能力”建设，按照国务院办公厅《老年教育发展规划(2016—2020年)》文件精神，扎实开展了社区老年教育工作。具体实施和落实“老有所为行动计划”，让区域老年人共享职业教育改革发展成果。黔江地处远离重庆主城东南300千米处，农村老龄化严重，多为留守老人。结合我区实际，2020年我校把农村作为社区老年教育的主战场。我校根据专业特色和老人需求，开设了美容化妆、形体训练、渝菜烹饪、太极拳、水兵舞等老年教育培训课程，计划2020年将开设5个班级，招生近300人参加培训，为本区老年教育实现老有所教、老有所学、老有所为、老有所乐贡献力量。

一、主要工作举措及成效

（一）加强宣传教育，营造良好氛围

在开展老年教育工作中，我校结合实际情况，有针对性地制定老年教育宣传计划，充分利用一切可以利用的宣传阵地到全区特别是辖区政府社区开展宣传教育。广泛宣传党和国家关于老年教育的方针政策，大力宣传老年人的教育权利和老年教育发展中的典型案例，努力营造全社会关心、支持和参与老年教育的浓厚氛围，充分调动老年人参与学习的积极性和主动性，积极培育健康向上的老年学习风尚。年初，

学校抽选200名优秀学生干部利用周末放假回家进行老年教育宣传，并形成调查问卷。然后，根据调查基本情况，梳理分析部分社区老年教育需开展的必要性，再联系各乡镇街道办事处文化服务中心，积极谋划辖区老年教育培训思路，商讨该社区适合开展的老年培训项目。最后，形成思路后与镇、村两级干部一起共同实施老年教育培训工作。

（二）精选培训师资，注重培训效果

为进一步贯彻落实“全民学习、终身学习”理念、满足老年人多样化学习需求、提高老年人的生活质量和幸福指数，学校与辖区政府一起，充分利用学校培训资源，积极开展老年教育培训工作。截至2020年11月，共计开展社区老年教育”专题培训会5期，共计283名社区老人参与培训。为了让老年教育培训达到更好的效果，学校组建了优质的培训教师队伍，邀请黔江区疾控中心党委书记郭峰开展健康养生方面讲座；邀请黔江区“五老”宣讲团成员、重庆市“十佳书香家庭”、“首届全国书香之家”的张玉林老人现场为大家开展“倡导好乡风、发扬好家风”讲座；邀请河南太极拳宗师郑飞超为大家开展太极拳培训；邀请黔江区音乐家协会副会长、民族中学副校长雷胜慧老师现场教唱革命歌曲；邀请我校体育教师向小华（曾获黔江区乒乓球单打冠军），音乐教师史进飞、蒋铭荣，舞蹈教师石维、董泽碧等组织开展文化体育交流培训活动。他们都是在各自教学领域中的精英，保证每次教学活动都收到最大的效果。

（三）明确培训主题，倡导爱党爱国

我校通过与黔江区老年协会互洽互助，开展一系列老年教育培训活动，让老年人通过培训展示自己的风采，切实增强老年人的参与感、获得感和幸福感，倡导老年学员要发挥余热，对青少年进行爱国主义和革命传统教育。

（四）精心组织实施，确保培训质量

1.组织机构健全

总督导：白红霞

组　长：刘德友

副组长：罗　林　何建生

成　员:冉桂林　柯　勇

2.课程设置突出合理性

坚持“增长知识、丰富生活、陶冶情操、促进健康、服务社会”的宗旨,先后开设了老年保健(康养专题)、老年体育、太极拳、舞蹈等培训班。其中,康养、群舞、太极拳等专业深受老年学员喜爱,同时计划在下半年增设电脑培训班、文艺培训班,既满足了老年学员学习新知识的需要,又满足了老年学员“提升自我”的愿望。

3.教学方式突出灵活性

在抓好集中培训的同时,积极拓展“第二课堂”展示作用。通过老年教育培训先后组建了群舞、太极拳等兴趣小组,持续开展丰富多彩的学习成果展示活动(可通过文艺晚会展示),以教学推进活动,以活动促进教学,激发老年学员的学习热情,促进老年教育由课堂教学向课外教学、社会教学的延伸,不断增强老年教育的吸引力和凝聚力。

4.教学内容突出多样性

一方面,坚持将政治理论作为老年教育的必修课,通过张玉林书记宣讲、理论专题辅导等形式对学员进行思想政治教育,突出老年教育的思想性、政治性;另一方面,根据老年学员的实际需求和兴趣爱好,不断拓展文化知识、保健常识、康养常识、娱乐活动等教学内容,突出老年教育的知识性、趣味性、娱乐性,最大限度地满足老年人学习知识、开阔眼界、丰富精神生活的需求。

二、存在问题及打算

(一)培训工作开展长效性不强

一是由于农村老年人文化低、家务多等多种因素,出席率还有一定问题;二是老年教育师资力量比较薄弱,由于资金紧张等原因,聘请兼职专业人员长期定时开展培训工作有一定难度;三是村级老年教育的发展还很不平衡,就我校开展的老年培训而言,有的村(居委)处于办办停停的状态,有的村不能按课程计划很好地落实教学任务,老年教育的作用还没有很好发挥起来;四是农村老年人居住地不集中,培训需车辆出行,存在一定的安全隐患。因此,农村老年教育工作不容乐观,还有大量工作要去做、去落实。

（二）与乡村振兴战略结合不够

在老年服务方式不断创新过程中，要从老年人对家庭、社会的积极贡献和积极引导老年人发挥正能量、作出新贡献等方面来深入剖析社区老年教育的重大意义。学校与政府需加大组织领导力度，把推进老年教育规范化建设作为老龄工作的重要抓手和着力改善老年民生和为老办实事的具体举措，及时研究解决工作中遇到的困难和问题；加大合力推进力度，各部门要敢于担当、密切配合，形成全社会齐抓共管的局面。突出开展老有所养与乡村关爱工程、老有所教与乡风文明工程、老有所乐与优秀文化传承、老有所为与乡村治理体系相结合的四类活动，以加强自身建设和助推乡村振兴为目的，充分发挥社区老年教育在助力乡村振兴战略中的独特作用。在组织建设、互助养老、关爱宣传、调解邻里纠纷和家庭矛盾、维护社会治安、促进社会和谐助力乡村振兴等方面发挥积极作用。“家有一老，如有一宝”，老年人是家庭和社会的宝贵财富，老龄工作是老年教育试点学校不遗余力做好的重要工作之一。我们将认真学习借鉴兄弟试点学校先进做法，进一步理清思路、增添措施，持续推进老年培训工作规范化建设，加强老年人民生保障和服务供给，充分发挥老年人在助力乡村振兴战略中的重要作用，切实增强老年人的参与感、获得感和幸福感。

（三）本年度即将开展的工作

(1)美丽乡村振兴建设培训。

(2)健康养生培训。

（四）今后工作打算

1.建立老年教育工作管理机制

建立由学校牵头，组织区老年大学、区老年协会、培训所在镇村（居委、社区）两级等单位领导参加的老年教育工作领导小组，按照“一方牵头、各方参与、分工负责、协调发展”的原则，统筹、规划、组织、协调、指导全镇的老年教育工作，各村（居委、社区）也应建立相应的老年教育机构。

2.健全老年教育资金管理办法

重庆市教育科学研究院根据老年人口对老年教育发展的需求，每年投入一定的老年教育经费。老年教育经费主要用于老年教育的管理、交通补贴、师资聘请、表彰、奖励及举办的老年培训班的日常经费。学校应根据所分配经费,合理安排老年培训项目,并列入预算,严格执行1∶1的配套资金使用培训经费,并制订出开支明细表。

3.要加强对老年教育工作宣传

通过开办培训班,利用报社、电视台等宣传阵地,宣传党和政府有关老年教育工作的方针、政策,宣传老年教育的重要性和紧迫性,宣传广大老年人通过老年教育对社会稳定和发展所发挥的积极作用,宣传中华民族尊老、爱老、助老的传统美德,进一步增强全社会敬老、尊老、养老意识。

重庆市龙门浩职业中学校
老年教育试点自评总结

重庆市龙门浩职业中学校在2020年9—11月开展了老年教育培训活动,历时3个月。本次培训活动在全校领导和老师们的共同努力下取得了良好成效。现将培训情况总结如下。

一、工作概况

受新冠感染疫情的影响,学校老年教育培训克服重重困难,2020年9月正式启动老年教育线下培训。学校依托本校的实训基地,走进社区(街道)与老年朋友们进行广泛沟通和交流,了解他们学习需求,实施课前准备、课中管理、课后反思相结合的工作模式,开展手机摄影、茶艺培训等活动,组织师生到养老院,带去精彩的节目和慰问品,受到老年人的喜欢,得到社区领导赞扬和肯定,建立了长期合作的友好关系,真正实现"老有所依、老有所为、老有所学"的教育宗旨。

二、主要举措

(1)组建工作组。2020年我校老年教育培训在学校领导高度重视下,组建了工作组。

(2)明确任务分工。落实任务,分工明确,实行专人、专账管理。

(3)升级服务团队。将我校"心连心志愿者服务团队"升级成立了"萤之光志愿者之家"。

(4)建立专家库。收集资料,建立老年教育培训专家库。

三、工作特色

（一）工作亮点

(1)建立老年教育培训专家资源库。

(2)为授课老师发放聘书。

(3)与受培训街道社区(学苑社区、裕华街社区)、养老院(江南人家社区养老服务中心)等签订老年教育培训协议。

(4)根据前期培训的效果和反响,在海棠溪街道学苑社区授牌成立了海棠溪社区社会教育工作站。

(5)目前,我校正在与南湖等多个社区进行洽谈,准备成立龙门科技服务小站。

（二）工作创新

采用了“请进来、走出去”的方式,创新工作模式。目前,我校已为2个社区、1所学校、1所养老院的老人提供了插花、茶艺、手工、摄影、电子商务等技能项目的培训和志愿者服务。

四、工作成效

(1)提前完成培训人数。因新冠疫情,本次线下培训从9月才开始正式启动,三个月(9—11月)共计培训老年学员200多人。现已提前完成了重庆市教育科学研究院要求的本年度线下培训要求的人数。

(2)线上培训课程类型丰富。为适应未来培训的需要,我校分两个阶段实施培训课程。前期大力发展老年教育培训线上课程的开发,现已开发了线上微课20多门,涵盖了美术、手工、插花、手机软件的使用、书法、坝坝舞等课程,并依托我校信息化技术设备将部分课程上传至钉钉龙门云课堂中,供老年人随时学习。后期,等我校服务器扩容后,会将我校开发的全部的老年教育微课都上传到龙门云课堂中,实现学习时间自由化。

(3)工作成果多次获奖。我校李韦老师和王磊老师制作的“电子相册的制作”获重庆市第二届老年教育微型课程比赛二等奖。伊晓灵老师和吕桂红老师制作的“坝坝舞”获重庆市第二届老年教育微型课程比赛三等奖。

(4)拓展培训的广度和深度。依托我校养老康复专业，南岸区民政局康养人员技能提升培训现处于协议签订阶段。协议签订完成后，我校将为南岸区33所养老院500多名护理员和50名管理层人员提供专业的培训，以此提升南岸区养老院人员的从业水平和管理水平。

五、本年度即将开展的工作

(1)拓展培训区域。11月13日至12月31日，我校还预计为3~4个社区、学校、养老院提供插花、手工、志愿者活动、摄影、电商、书法等课程的培训。

(2)继续完善现有的微课，陆续开发新的线上课程，如西点、彩妆、陶艺、服饰搭配等微课。

六、问题及建议

（一）存在问题

在本次校训活动取得良好成效的同时，我们也清醒地看到了以下方面的不足。

(1)教师任务重。因为我校老师教学任务重，老师的授课时间受到限制，在课程安排上遇到很大的阻力。

(2)参加培训的老年人个人因素有差异。老年人性别、性格、年龄、爱好、身体素质等不同，影响了课程培训的系统性。除个别社区外，每次培训的人员基本都不同，变化较大，导致每个项目的培训都不够系统。这也给培训工作的实施带来了阻力。

（二）改进建议

(1)提前做好实施课程规划。2020年，我们以学苑社区、裕华街社区作为试点，提前与社区商议好培训的课程，要求参加每次培训课程的人员尽量不要发生大的变化，从而保证每门课程授课的系统性。

(2)协调好老师的授课时间。保障授课老师无后顾之忧，提供更好的授课资源。

前三个月培训下来反应很好。目前,与我校预约培训的社区、单位日益增多。这印证了我们前期培训取得了良好成效。

我们深信,本次培训的成功经验一定能成为把我校老年教育培训活动越办越好的重要基础。勇于创新的重庆市龙门浩职业中学校人一定会在以后的老年教育培训中收获更多的成果!

重庆市旅游学校
2020 年老年教育培训工作总结

老年教育是我国教育事业和老龄事业的重要组成部分。发展老年教育，是积极应对人口老龄化、实现教育现代化、建设学习型社会的重要举措，是满足老年人多样化学习需求、提升老年人生活品质、促进社会和谐的必然要求。为贯彻落实《中华人民共和国老年人权益保障法》《国家中长期教育改革和发展规划纲要（2010—2020年）》，促进老年教育事业科学发展，根据重庆市教育科学研究院《关于确定老年教育中心培育学校、老年教育研究基地学校和职业教育服务乡村振兴试点学校的通知》精神，我校 2020 年老年教育培训工作以重庆市高水平中职学校项目建设为契机，结合"高水平社会服务能力建设"，充分发挥职业学校的专业优势，着力开展了 2020 年老年教育活动，打造老年教育精品课程，成果颇丰。

一、工作概况

根据重庆市教育科学研究院《关于确定老年教育中心培育学校、老年教育研究基地学校和职业教育服务乡村振兴试点学校的通知》精神，从 2020 年 4 月起，学校就着手进行老年教育工作，鉴于新冠感染疫情"常态化"防控管理需要，本年度我校以老年教育精品课程及资源开发为重点，共制作包含五大系列的五门课程的文本资料和 25 件精品老年微课作品。在重庆市第二届老年教育微型课程比赛中获得一等奖 2 项、二等奖 1 项、三等奖 2 项。

学校根据老年人的需求和愿望，结合学校工作和专业建设实际，将在 11 月 23—27 日举行"重庆小面""老年人生活品质提升"培训班，拟招收 60 名老年人参与每班为期5天的线下培训活动，预计受益达到600人次，旨在提升老年人生活品质，增加老年人的幸福指数，为老年人健康、快乐地生活、提高老年人生命和生活质量贡献力量。

二、主要举措

（一）成立学校老年教育领导机构

为保证老年教育培训活动顺利实施，学校成立了以党委书记、校长聂海英为组长，副校长孔淼、质量管理办公室主任毛莉为副组长的领导小组。成员包括相关部门的中层干部、任课指导教师，确保活动的顺利实施。教育培训活动具体分为活动策划组、执行组、安全保障组和宣传报道组。各工作小组各司其职、分工协作，使得老年教育培训工作有序、健康、高效、安全开展，较好地完成了预期目标。

（二）建立规范完善的规章制度

学校制定了《重庆市旅游学校2020年老年培训工作方案》《重庆市旅游学校2020年老年培训招生简章》《重庆市旅游学校2020年老年教育培训监控登记表和承诺书》等文件，细化了老年培训工作开展的具体流程。特别是针对疫情，学校还制定了《疫情防控预案》，以保障老年教育培训安全进行。

（三）建立一支专业化的师资队伍

本着让老年人听得懂、学得会、能操作的原则，根据老年人的需求，学校在课程规划、师资搭配上都做了精心设计。学校结合自身办学特色，选取了优秀教学资源，所有担任授课的老师均为专业骨干教师，以大师工作室、教研组、专业组为载体，配备优秀的教师团队，培训教师精心备课、倾情授课，营造了良好的学习氛围。

（四）严格按照财务制度使用经费

为保证老年教育经费正常使用，学校在课程设计、人员安排、场地使用、经费支出方面都做了精心安排。在经费使用过程中，严格遵照学校财务管理制度和项目预算执行。

（五）组建志愿者队伍

根据老年人生理特点和教学需要，学校组建了由老师和学生组成的志愿者服务队伍。主要是在培训过程中，分别指导老年人学习、操作，同时杜绝安全事故发生，保证教学质量。

三、工作特色

1.互助支持，保障项目实施顺利

学校2020年老年教育培训工作在市、区教委及市教科院的指导下，得到了大渡口区教师退休协会等单位的支持，共同参与到学员学习需求调研、学员招募、课程计划制定等相关工作中。多方联动，相互支持，使得项目实施顺利。

2.总结提升，科学制订培训计划

学校坚持内涵发展，充分发挥中职学校社会服务功能，利用学校专业优势，将办学与履行社会责任相融合，积极推进老年教育工作，通过探索与实践，积累了一定的经验与资源。老年培训课程设计应以“满足老年人继续学习需求”为出发点，以“丰富老年人的精神文化活动，增加老年人的幸福指数，提高老年人的生命和生活质量”为目的，设计与老年人生活息息相关的课程内容；课程设计更要以活动性和实践性为原则，适当加大实践教学比例，提高学员参与度可有效激发学员学习兴趣与热情。同时，为丰富老年教育内容和形式。积极开展老年人思想道德、科学文化、养生保健、心理健康、职业技能、法律法规、家庭理财、闲暇生活、代际沟通、生命尊严等方面的教育，帮助老年人提高生活品质，实现人生价值。创新教学方法，将课堂学习和各类文化活动相结合，积极探索体验式学习、远程学习、在线学习等模式等多种形式的老年教育活动。因此，学校结合自身办学特色，积极整合校内外优秀教学资源，共制作五大系列五门课程教学方案和25件精品老年微课作品。结合地方特色及老年人的需求，设计了重庆小面线下培训、生活品质提升培训课程。具体课程安排如下表所示。

2020年老年教育课程资源汇总表

序号	类别	课程名称	学时
1	智慧生活类	手机摄影技巧	20
2	茶艺茶道类	初识红茶和白茶	20
3	果蔬雕刻类	果蔬雕刻	20
4	旅游景观类	重庆旅游	20
5	糕点制作类	中华传统美食	20

2020年老年教育课程表

课程一:重庆小面培训		
序号	培训内容	学时
1	重庆小面基础理论知识、原材料、调料、器具设备介绍	6
2	重庆小面调料制作	6
3	麻辣小面制作	6
4	炸酱面制作	6
5	红烧牛肉面制作	6
6	肥肠面制作	6
7	酸菜底料制作	6
8	泡椒底料制作	6
9	泡椒肉丝米线	6
10	酸菜滑肉米线	6
课程二:生活品质提升培训课程		
序号	培训内容	学时
1	虾仁凤眼饺、鸡汁锅贴	6
2	香酥麻圆、珍珠圆子	6
3	北海道蛋糕	6
4	糖纸花	6
5	茶艺基础理论及冲泡技巧理论、白茶的冲泡及品鉴	6
6	红茶和黑茶的冲泡及品鉴	6

续表

课程二:生活品质提升培训课程		
序号	培训内容	学时
7	东方花艺理论、直立型插花	6
8	倾斜型插花	6
9	健康养生(理论)	6
10	艾灸方法(实作)、运动方法(实作)	6

四、工作成效

(一)信息技术,服务老年教育

为拓展老年教育发展路径,充分发挥广播电视、报纸杂志、门户网站等媒体作用,丰富老年教育内容和形式,积极探索体验式学习、远程学习、在线学习等模式。结合学校专业实际及特色精品专业、地区特色,由各专业骨干教师打造了智慧生活类微课“手机摄影技巧”、茶艺茶道类微课“初识红茶和白茶”、果蔬雕刻类微课“果蔬雕刻”、旅游景观类微课“重庆旅游”、糕点制作类微课“中华传统美食”,并在不同网络平台进行分享及推广,扩大优质老年学习资源辐射区域。推动信息技术融入老年教育教学全过程,推进线上线下一体化教学,支持老年人网上学习。运用信息化手段,为老年人提供导学服务、个性化学习推荐等学习支持。

(二)贴心管理,营造温馨氛围

在班级管理方面,开班前由班主任老师逐与学员沟通,告知培训时间、地点、身心准备、注意事项等相关内容,与学员建立好第一印象;培训中,分班建立班级微信群,随时沟通上课情况,及时发送课程资料以及课堂照片,解答学员在学习过程中的困惑与困难,营造了良好的互动氛围,也为学校今后开展老年培训工作积累了生源。在资源选取上,学校结合自身办学特色,选取了优秀教学资源,以大师工作室、教研组、专业组为载体,配备了优秀的教师团队,培训教师精心备课、倾情授课,营造了良好的学习氛围。在活动服务方面,由老年培训工作牵头处室质量办统一对服务人员进行培训，要求全体服务人员必须"周到细心"地为参加培训的老同志提供了高质量的培训服务。课堂上，老年同志学习热情高涨，积极参与互动。生活中，服务团队以周到细心的培训服务赢得了参培学员的一致好评。此次活动既增强了学员之间彼此间的友谊，扩大他们的交友圈子，也让他们享受了一段充满乐趣、健康、丰富多彩的老年学习生活，可谓其乐融融。

（三）特色专业，打造精品课程

2020年，老年培训2门课程均采用系统化教学模式进行教学内容设计。在培训中，学员们在烹饪大师的指导下，从原材料初识、作料的配比、杂酱的制作等方面系统、全面地了解重庆小面的制作工艺，体会到了小面背后的大智慧。

为丰富老年教育内容和形式，积极开展老年人思想道德、科学文化、养生保健、心理健康、职业技能、法律法规、家庭理财、闲暇生活、代际沟通、生命尊严等方面的教育，帮助老年人提高生活品质，实现人生价值，特别设置了生活品质提升培训。

品茶香，感受中国传统茶文化。亲自动手插一束花，为生活增添一丝色彩。跟着大师学习虾仁凤眼饺、鸡汁锅贴、香酥麻圆、珍珠圆子的制作，丰富餐桌。一道北海道蛋糕，为老年人的生活增添一丝甜蜜。学习养生知识、艾灸方法，在家也能保健养生。老年朋友们认真听讲，动手操作，相互学习交流，真谓其乐融融。

在微课制作的过程中，老师们将传统文化融入微课当中，用好老年人这一宝贵财富，充分发挥老年人的智力优势、经验优势、技能优势，发挥老年人在传承中华优秀传统文化、引导全社会特别是青少年培育和践行社会主义核心价值观等方面的积极作用，彰显长者风范。老年朋友们积极参与了学校其他活动，给予了学校工作的高度评价，对学校的周到的服务和专业的教学表示十分满意，为学校点赞。

五、问题及建议

（一）主要问题

1.部分老同志对老年培训学习的重要性认识不足

部分老同志对老年教育认识还停留在休闲娱乐或打发时间上，具有一定的随意性；由于交通和居住地的问题，不能按时出勤；由于操作技能不熟悉，偶尔会造成原材料浪费的情况。

2.培训课程设计还需精细化

将一批优秀传统文化、非物质文化遗产、地方特色老年教育资源进行整合,形成全市老年教育试区学校的统一要求,然后各个学校再根据自身情况进行调整;推介一批科普知识和健康知识学习资源,形成系列优质课程。

3.经费无具体的使用细则

关于老年培训专项经费,在重庆市教育科学研究院《关于确定老年教育中心培育学校、老年教育研究基地学校和职业教育服务乡村振兴试点学校的通知》中,未对经费使用科目作出具体指导,学校不便开支使用。

(二)改进建议

1.提高对老年教育的认识,提升培训质量

学校加大对老年教育培训工作的宣传力度,让老年人树立终身学习的意识,取得社会的共识以及对老年人学习的支持,帮助老年人排除顾虑,激发老年人的学习热情。严格考勤制度,课前做好学员出勤摸排,尽可能地减少原材料浪费的现象。

2.结合专业实际,形成系统性的培养模式

老年教育是一个新兴的事业,面对人口老龄化的现象,学校应将老年教育培训作为一个常态化的工作,将培训模块化、阶梯化,将培训设计成"基础模块、中级模块、高级模块"体系。不同体系的培训课程针对不同层次的参培学员,保证培训课程实施的有效性。

3.建议拨款单位对专项经费的使用作出具体指导

建议拨款单位对专项经费的使用作出具体指导,如可支出的项目、支出比例、使用细则等作出相应的规定,为学校经费开支提供依据。

六、展望

老年教育不是一朝一夕的。我们要按照国家、市区教育委员会、市教育科学研究院关于老年教育工作的精神,充分发挥职业学校培训、服务功能,结合老年人的特点,根据他们的需求,进一步开发、创新老年教育培训课程,为老年教育做出贡献。

重庆市立信职业教育中心
2020年老年教育培训试点工作总结

一、工作概况

2020年，我校深入学习贯彻落实《国务院办公厅关于印发老年教育发展规划（2016—2020年）的通知》《重庆市人民政府办公厅关于老年教育发展的实施意见》等文件精神，着力加强老年教育研究，服务乡村振兴，特别根据歌乐山地区老年人分布状况，最大限度发挥我校办学优势，积极开展了系列老年教育培训相关活动，确保了我校老年教育试点工作的顺利实施。

二、主要举措

（一）成立了领导小组和工作小组

学校组建了以党委书记、校长蒋红梅同志为组长的学校老年教育培训工作领导小组和工作小组，切实加强学校对老年教育培训工作的领导，保证人力、物力、财力的投入。

1.成立领导小组

组长：蒋红梅

成员：徐若颖、肖彬、陶宏胜、吴成、罗长明、林莉莎、王强禄

2.成立工作小组

组长：肖彬

副组长：曾林育、鲁健

成员：沈军、曾林育、彭雪梅、鲁健、游慧铌、赵婕、毛红霞、陈光群、杨钦

工作小组办公室设在公共管理与服务专业部，具体工作由专业部部长鲁健负责日常事务。

（二）制度保障

为进一步加强老年教育培训工作，学校不断完善考核机制，将老年教育培训纳入考核、评价方案，形成了《重庆市立信职业教育中心老年教育工作制度》，营造了良好的老年教育培训氛围。学校根据老年教育培训的需要，适时安排人员到歌乐山街道、社区、养老机构开展老年培训服务相关工作，并给予经费补贴，同时纳入学校年度考核。学校对在老年教育培训中做出显著成绩的部门和个人进行表彰奖励，每年开展一次表彰奖励活动。

（三）资源保障

除了上级组织划拨专项经费外，学校不仅为老年教育培训工作提供专门的经费支持，还从政策、软件、硬件等方面给予大力支持。

（四）加大宣传

学校利用电视台、广播站、网站、校报、微信等媒体，把老年教育培训的宣传纳入报道计划，进一步加大对老年教育培训的宣传力度。

（五）师资队伍建设

学校专门组建了一支老年教育培训教师队伍。2020 年 9 月，学校招录了老年社会学本科毕业生杨钦到校任教，为学校老年教育培训队伍补充了新鲜血液。截至目前，学校打造了一支专兼结合、结构合理的老年教育培训教师团队。现有享受国务院政府特殊津贴专家、全国教育系统先进工作者、全国模范教师、重庆市特级教师、研究员级教师、市级骨干教师、区级骨干教师、“双师型”教师共 20 多人，外聘培训专家及兼职教师 5 人，拥有一支业务能力强、教学科研水平高的培训团队。

学校配备有养老护理、中医、康复调理、营养健康、老年心理、老年活动策划与组织等课程的专兼职教师 10 余人，专门从事老年社会工作、老年照护、康复调理、老年服务与管理等工作；他们掌握了老年护理、康复调理、活动策划、心理咨询、饮食营养指导等方面知识和技能，具备了老年健康、心理、营养、饮食等评估技能，还能对老年人各系统常见疾病的预防和护理，侧重解决临床护理中的实际问题，并从老年人的生理、心理及生活方面进行健康指导。强大的教师团队为我校老年教育培训工作奠定了坚实的基础。

（六）设施设备建设

学校持续加大老年教育培训设备投入，2020 年投入经费 17 397.5 元，加强了老年综合护理实训室、老年基础护理实训室、康复理疗实训室、老年营养健康实训室的建设，增设老年护理床（含柜）2 张，多功能护理床 1 张，按摩床 4 张，心肺复苏模拟人 1 套，糖尿病人膳食宝塔模型、老年人膳食宝塔模型各一套，中医康复理疗耗材等设施设备。截至目前，学校老年教育实训条件较完备，种类齐全，还配有钢琴 78 台、电钢琴 60 台、电子琴 30 台，建成音乐教室、书法室、手工室等综合实训室 10 多间，专门设有会议室、活动室、音乐教室、形体舞蹈室、心理咨询室、老年推拿保健室、综合护理室等，为老年教育培训提供了教育培训、学习锻炼的空间。

三、工作特色

（一）加强教师业务学习，不断提升服务能力

学校全体老年教育培训工作人员，坚持深入学习贯彻落实《国家中长期教育改革和发展规划纲要（2010—2020 年）》《中华人民共和国老年人权益保障法》等法律法规，逐步增强服务意识与责任感。同时，老师加强专业知识学习，提高了服务老年的能力，有力推动了我校老年教育培训工作顺利进行。8 月，学校安排鲁健、游慧铌参加教育部“1+X”证书培训；11 月初，鲁健参加职业院校教师素质提高计划（国培）外聘兼职教师教育教学能力提升培训，通过培训，丰富了专业理论知识，拓宽了知识视野，提升了专业综合能力，为助推专业发展与服务老年培训工作奠定了基础。

（二）多形式扎实开展老年教育培训活动

学校地处歌乐山，依托天然资源丰富、养老机构多、老年人口密集等优势，深入街道、社区、养老院，主动加强与重庆市第三福利院、歌乐山街道所辖高店子社区、大土村居委会以及百莲福、寿星阁养老院等单位的联系，广泛开展老年健康宣传及相关教育服务活动，通过专题讲座、广场服务等形式为老年人提供健康知识宣教、心理调适、

小型活动组织、生命体征测量、中医按摩保健体验等多项服务体验活动，让老年人通过学习实现老有所学、老有所养、老有所乐。老年教育培训活动的开展，大大提高了老人们的健康意识，提高了老人健康水平，受到了社会的热烈欢迎与高度评价。

四、工作成效

（一）扎实开展老年教育培训

受突如其来的新冠感染疫情的影响，2020 年老年培训工作截至 11 月已经成功开展四期，为歌乐山地区 200 多名老人、500 多人次送去了健康知识、康复及疾病预防知识，专门为老年朋友送去了重庆市成人教育系列读本及老年培训资料 2 800 多册，并为老人提供健康咨询服务 4 次，开展康复调理 100 多人次，涉及疫情防控、卫生保健、心理护理、康复调理、综合护理、营养健康等内容。

2020 年 7 月 9 日，我校老年教育第一期培训班在歌乐山街道高店子社区举行，来自社区的 39 名学员参加了培训，主要进行心理健康教育；2020 年 7 月 20 日，我校老年教育第二期培训班在寿星阁养老院举行，院内 62 名学员参加了培训，主要进行康复理论知识及按摩技术培训；2020 年 10 月 29 日，我校老年教育第三期培训班在重庆百莲福养老院金秋乐园举行，共 48 名老龄人参加，主要进行常态化养老服务机构疫情防控；2020 年 11 月 2 日，我校老年教育第四期培训班在歌乐山街道大土村居委会歌乐山矿社区举行，共 52 名老年人参加，主要进行康复理论知识及按摩技术培训。

老年教育培训以讲座和小组教学和微课相结合的形式进行，根据老年人的特点，结合我校养老护理专业的相关要求，本着基础理论“适用、够用”的原则，重点凸显实效性。培训内容主要是心理卫生的重要性、如何做好老年人的心理卫生、老年人的社会适应问题与心理调适、老年人急救常识、老年人中医按摩、老年常用推拿及运动养生保健技术、老年人日常生活护理、老年人健康教育指导等。通过培训，让老年人理论与实践、知识与应用有机结合，让老年人掌握基本专业知识，掌握基本专业技能。我校老年教育培训活动的开展，得到了街道、社区、居委会的大力支持，受到了歌乐山地区老年人的喜爱和一致好评。

（二）加强老年教育培训活动研究

学校注重老年教育培训活动研究。专门邀请了重庆医科大学、重庆市中医院专家来校指导、授课，加强教师服务能力的培养，专门对老年教育培训过程及养老护理专业建设进行指导，经过反复修订，几易其稿，现已初步形成了《重庆市立信职业中心养老护理专业人才培养方案》，制定了开展老年教育培训的主要学科的课程标准，如生理解剖、老年照护、中医学概要、康复调理、老年心理、老年沟通技巧、心理慰藉与实务、老年急救、老年活动策划与组织、健康管理等专业课程。

学校注重教师专业实践成效显著。2020 年 1 月，结合我国居家养老人员增多，亟需科学开展家庭养老、施行康复调理技术的现状，鲁健老师制作了微课“老年人头面部按摩法”，参加全国第五届职业院校教师微课大赛荣获一等奖，作品被重庆大学出版社确认发行，同时被重庆市教育科学研究院云课堂在线平台公开播放。在鲁健、游慧铌老师的指导下，养老护理专业学生熊嘉嘉、姜银参加了重庆市中职学生职业技能大赛“老年照护”项目大赛，分别荣获二等奖、三等奖。7 月中旬，鲁健、游慧铌、聂琴、袁秀清四位老师参加重庆市第二届老年教育微型课程比赛，作品“老年人中医按摩”“老年人急救常识”“七巧编制”分别荣获一等奖、二等奖和三等奖，同时也为学校老年教育培训提供了在线教学资源，得到了街道、社区、养老院的高度肯定。

（三）积极推进培训教材开发

学校注重老年教育培训教材开发，老年教育培训教师工作组在开展老年教育培训过程中，善于积累培训经验，坚持撰写老年教育培训教材，提炼典型工作任务，加大养老护理专业（含老年教育培训）课程建设，凸显实践性环节，着力开发校本教材 2 门，即《中医护理学基础》《康复调理技术》，为老年教育培训提供了丰富资源。

五、本年度即将开展的工作

在服务老年教育培训工作中，我们将继续发扬尊老、爱老、敬老、助老的传统美德，坚持以“老有所乐、老有所学”为中心，坚持以全心全意“为老年人服务”为宗旨，依托歌乐山天然资源丰富、养老机构多等优势，加强与街道、社区、老年机构和福利院等单位的联系，为老年人提供健康知识宣教、心理调适、小型活动组织、生命体征测量、中医按摩保健体验等多项服务体验活动，让老年人实现老有所学、老有所养、老有所乐。

为提升专业实践能力，实现专业理论与实践的有机融合，学校将加强与企业联系，积极推进校企合作工作，逐步加强与百莲湖养老院等机构的联系，促成多方校企联动的模式，形成校企深度融合，助推养老护理专业及老年培训服务活动持续、健康发展。

六、问题及建议

我校在开展老年教育培训活动中，存在以下问题：

(1)部分民营养老院对老年培训活动不够重视，对老年人再学习的工作支持力度不够。对此我们将加强宣传，提高服务意识，争取为更多老年人搭建再学习平台。

(2)部分老年人参与培训意识不强。主要体现在培训中不按时参加培训，常有提前离开培训场地等现象。在以后的工作中，我们将加大宣传力度，提高老人学习兴趣，提高培训质量，让更多老年朋友参与培训，养成良好的学习习惯，逐步让老年朋友学有所获、学中有乐。让老年朋友热爱学习，坚持学习成为一道亮丽的风景，是老年培训工作者永恒的追求。

“校社”互动 共建社区幸福家园

一、社区基本情况

作孚路社区隶属于北碚区北温泉街道，社区面积 1.5 平方千米，有 10 个居民小区，辖区人口 18 000 余人。社区老龄人口较多，居民素质整体较高，对文化生活的需求非常迫切。

二、主要工作

为满足老年朋友多样化的学习需求，提升居民素质，社区提出了开办培训班的思路。但只有场地，无稳定的师资及设备，让社区的培训项目实施受阻。

正当社区为此而困惑的时候，重庆市北碚职业教育中心主动与社区联系，为社区解决了在师资、设备等多方面的难题，并与社区一起探索形成了“校社互动，资源共享，互助发展”的老年教育培训体系。

（一）深入调研，校社互动

为了培训的针对性更强，重庆市北碚职业教育中心老年教育工作小组主动深入社区进行调研。通过网上问卷、现场走访等方式，收集了 600 多份意见，掌握了老年朋友对提升生活技巧技能及文化素质等方面的需求。学校根据调研结果，和社区一起商定了培训方案。双方在招生、师资、管理等方面达成了共识，组建了培训管理团队，提出了“三同、三享、三优化”工作思路，即共同招生、共同管理、共同发展，场地共享、设备共享、信息共享，课程内容优化、教师团队优化、授课方式优化。

（二）管理规范，人性服务

2016 年 5 月，经过精心的筹备，社区的第一期中式面点、茶艺班在社区活动中心顺利开班。这次培训吸引了100多位老年朋友来前来学习。培训中,学员们感受到不一样的培训氛围。

一是管理规范。学校配套了《学员学习制度》等一系列的管理制度和措施,为每位学员建立了学员档案。

二是师资配备充足。每个培训班配备1名班主任、1个专业教师团队,多名学生助教辅助教学指导,手把手教学,确保培训实效和质量。

三是教学方式灵活。能因材施教,突出老年教育的娱乐性、趣味性,使培训课堂始终充满情趣和生机。

四是课程设置合理。以实用的技能为主,融入职业素养提升通识课程,内容丰富、实用,满足学员多样化学习的需求。

五是人性化服务,细心周到。精心准备学习资料及学习用具,教室配备纸巾、茶叶、矿泉水、水果等;每次课前,向老年学员们发送温馨的交通、安全及上课老师等提示短信,以此让老年朋友感受到来自培训团队的一份温馨与关心。

(三)资源共享,长效机制

社区与学校的培训充分满足社区老年朋友们的需求,真正实现社区、学校两点无缝对接、资源共享,形成了长效机制,收到了意想不到的效果。2016年来,先后开设了烹饪培训(包括红案和西点)、插花艺术、化妆与礼仪、瑜珈、茶道、舞蹈、声乐、智能手机运用8种课程。每种课程2~3个班级,每年培训学员达2 000余人次。

三、合作成效

(一)服务了社区老年朋友

培训丰富了老年朋友的精神文化生活,提升了他们的生活品质,受到了老年朋友的普遍欢迎,得到学员的广泛认可,学员的满意度达到99.5%以上。

学员郑德玲反映:“这个培训班办得太好了。在娱乐中学习,在学习中收获。培训老师专业强、态度好,培训知识面广,学生辅导耐心,学校领导关心,我们很喜欢,学得到真东西。”

（二）“校社”互助发展

社区通过与学校的互动合作，提升了社区老年朋友的素质，增强了社区的凝聚力，丰富了社区的文化内涵，推进了社区全民终身学习建设。

对学校而言，在培训中，学校建设了精品专业，锤炼了教师，在丰富学校的办学内涵的同时，提高了学校在社区和社会的形象和声誉。

（三）示范辐射凸显效果

“校社”合作，开启了社区、镇街与职业学校合作的新征程。学校构建了“1224”特色老年教育模式，并辐射到全区，与区内20多个社区及镇乡开展了合作。其中，学校与东阳街道、三圣镇等合作开展的“休闲农业技能培训”，为中老年朋友在休闲农业方面提供了技能和服务支撑，促进了乡村休闲农业的发展，成为北碚区乡村振兴、服务区域经济发展的样板。

四、几点体会

通过近几年的合作，社区感受到重庆市北碚职业教育中心对老年教育真心真情。

（1）学校高度重视，每次培训精心组织，拟订方案，并能适时与我们社区进行细致有效的沟通。

（2）在经费使用上规范，实现了专款专用，学校经费1∶1配套，经费支出向培训原材料倾斜，为培训实施提供了经费保障。

（3）不断拓展培训平台，创新教学方式。尤其在新冠感染疫情期间，结合实际，通过直播课堂进行线上“中式面点”“茶艺”培训，定期推送老年教育的微课小视频等方式，满足老年朋友们宅家学习的需求。

老年教育培训搭建了社区与学校的合作平台，实现了社区与学校的资源共享、互助发展。下一阶段，社区还将和学校共同打造“勉仁”大讲堂，丰富课程内容，不断满足社区群众的需求，提升老年朋友的幸福指数，真正让老年朋友老有所乐、老有所为，真正实现全民学习、终身学习、个性化学习，共建社区幸福家园。

重庆市龙门浩职业中学校 & 海棠溪街道学苑社区
社区教育工作站合作签约授牌仪式

为构建全民终身学习体系，拓宽职业教育服务功能，发挥中等职业学校在老年教育中的作用，加强老年教育课程建设，丰富老年人的学习资源，提高老年教育内涵发展水平，同时借重庆市龙门浩职业中学校建设重庆市高水平学校的契机，10 月 23 日，“重庆市龙门浩职业中学校 & 海棠溪街道学苑社区”社区教育工作站合作签约授牌仪式在学苑社区成功举行。

重庆市龙门浩职业中学校将继续创新文化载体和学习形式，充分发挥学校的示范带头作用，将优质精品课程逐步推广到更多的社区，惠及更多的社区居民，不断提高文化引领基层治理创新，提高社区居民的参与度、满意度和获得感。进一步打造优质点位，树立示范标杆，更好地服务于社区居民需求，全面提升社区居民的综合素质和生活品质。

社会教育工作站

带着爱心，志愿者服务走进养老院

“尊老敬老是中华民族的传统美德，爱老助老是全社会的共同责任”，重阳节刚过，11 月 2 日，重庆市龙门浩职业中学校的老师和同学带着爱心来到花园路江南人家社区养老服务中心开展献爱心志愿者活动。

组织本次志愿者活动主要有两个目的：一是学前教育专业的师生走进养老院为老人带来简易的手工制作的体验活动，丰富老年人的生活；二是老年服务与管理班的同学走进养老院，参观、体验养老服务机构的设施设备与文化活动，积累专业实践经验。

在养老院工作人员的带领下，同学们兵分两路，迅速行动，一部分成员做好防护措施，和工作人员一同进入老人的房间，邀请老人参加手工体验活动；另一部分成员在活动厅做活动的准备工作。

随着老人陆续地到达，手工体验活动也开展起来，同学们细心、耐心地教老人制作花朵。

最让人感动的是，在志愿者活动结束的时候，一位 90 多岁高龄的老奶奶为我们唱了一首《东方红》，作为我们辛勤付出的答谢。虽然她吐字不太清晰，但是我们能感受到老奶奶浓浓的热情和谢意。

这是老年服务与管理班的同学第一次进入养老院与老人亲密接触。从养老院回来后,同学们有很大的感触。

黄欣月同学说:“这一次活动改变了我对这个专业和老人的看法,这个专业需要我们耐心、爱心和细心,因为老人们有小孩的脾性、年轻人的心态、朝阳的性格。”

郑雪娇同学说:“养老院里面住着的都是充满童心的老小孩,最后在收拾活动室的时候,老奶奶给我们唱歌的那一刻,当时有种说不出的感觉。”

陈世立同学说:“以前一直有过想去养老院的想法,但是一直没有机会去。这次终于通过学校的活动,可以去养老院为他们带去一份温暖。”

本次志愿者活动,不仅让养老院的老人体验到了手工制作的乐趣,感受到社会大家庭的温暖,而且锻炼了同学们的实践能力,提高了同学们对老年人的关心意识,同时还增加了重庆市龙门浩职业中学校的对外联系与社区服务能力,提升了学校的社会形象。

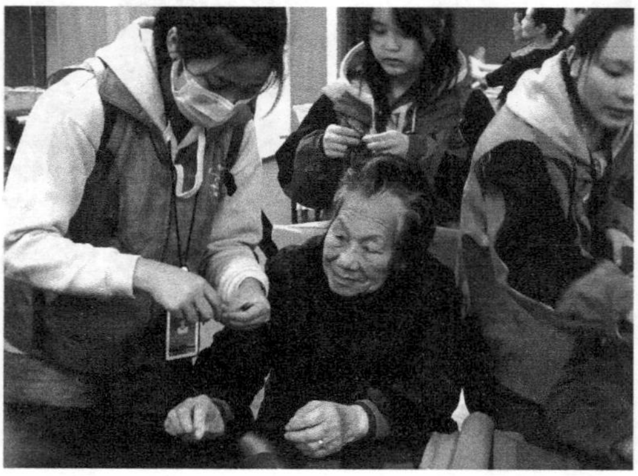

参考文献

[1] 姜伯成,屠明将,谭绍华.新时代背景下老年人学习需求调查研究:基于重庆市的数据[J].重庆广播电视大学学报,2018,30(4):13-23.

[2] 全俊戈,陈宁.中国老年人力资源开发的路径选择[J].中共乐山市委党校学报(新论),2021,23(6):93-97,101.

[3] 李娟,李飞.我国老年人力资源开发对策研究[J].中国集体经济,2022(26):129-131.

[4] 董勇.乡村振兴战略下的农村老年教育发展动因及趋势[J].中国成人教育,2018(11):152-154.

[5] 张红兵,张淑莲,靳荣莉,等.新时代我国老年教育的嬗变与跨越:客观趋势、发展定位与路径选择[J].成人教育,2021,41(12):38-44.

[6] 张红霞."互联网+"背景下社区老年教育的现状问题及优化路径[J].广州广播电视大学学报,2022,22(5):15-19,36,107-108.

[7] 智妍,黄一橙,王雯,等.中国老年教育发展困境及对策综述研究[J].北京宣武红旗业余大学学报,2022(2):9-16.

[8] 陈明建,屠明将,王汉江.职业院校开展老年教育的价值与策略探索:以重庆市中职学校老年教育试点项目为例[J].教育理论与实践,2021,41(21):15-19.

[9] 胡彦.教育供给侧改革视域下中等职业学校开展老年教育的路径探究[J].教育科学论坛,2020(36):66-70.

[10] 江颖,欧阳婷,夏海鹰.我国老年教育政策变迁的影响因素、路径依赖与价值取向[J].中国远程教育,2020(12):1-10,92.

[11] 李倩,邵艾群,周茜.老年教育促进城镇低龄老年人后职业发展研究[J].中国成人教育,2022(18):3-8.

[12] 张红兵，张淑莲，靳荣莉，等.新时代我国老年教育的嬗变与跨越：客观趋势、发展定位与路径选择[J].成人教育，2021，41(12)：38-44.

[13] 屠明将，姜伯成，戴向平，等.职业院校供给老年教育资源的实践探索与优化路径：以重庆市“职业院校老年教育中心培育计划”为例[J].重庆广播电视大学学报，2020，32(5)：8-13.

[14] 陈明建.新时代我国老年教育发展趋势与策略思考[J].老年教育(老年大学)，2021(4)：6-10.

[15] 陈明建.新时代农村老年教育创新发展的实践与思考：以重庆市石柱县黄水镇暑期老年教育体验活动为例[J].重庆广播电视大学学报，2018，30(5)：41-47.

[16] 王子寅.高职院校社会服务的实践现状与发展策略[J].职教通讯，2022(6)：18-24.

[17] 谭绍华，谭莉莎.职业教育开发老年人力资源的价值认知、原则遵循与策略建构[J].重庆广播电视大学学报，2018，30(5)：48-53.

[18] 世界卫生组织.积极老龄化政策框架[M].中华老龄协会，译.北京：华龄出版社，2003.

[19] 张惠.积极老龄化视域下我国老年教育工作的转变[J].职教论坛，2017(18)：65.

[20] 姜燕.从积极老龄化看我国老年教育的供给侧结构性改革[J].河北能源职业技术学院学报，2017，17(3)：44-46.

[21] 冯益斌.老龄化背景下我国老年教育资源整合策略研究[J].成人教育，2016，36(9)：52-55.

[22] 罗悦庭.积极老龄化下老年教育发展对策研究[D].上海：上海师范大学，2011.

[23] 刘孟.基于“积极老龄化”视野的我国老年教育发展策略研究[D].西安：陕西师范大学，2014.

[24] 王治芳.积极老龄化背景下老年教育有效实施的省思[J].中国成人教育，2017(22)：88-90.